RELATION
DES
CAMPAGNES
DE ROCROI,
ET DE FRIBOURG,
En l'Anne'e 1643. et 1644.
DEDIE'E
A SON ALTESSE SERENISSIME
MONSEIGNEUR
LE DUC D'ENGUIEN.

A PARIS,
Chez CLAUDE BARBIN, au Palais,
sur le second Perron de la Sainte
Chappelle.

M. DC. LXXIII.
AVEC PERMISSION.

À SON
ALTESSE SERENISSIME
MONSEIGNEUR
LE DUC
D'ENGUIEN.

*M*ONSEIGNEVR,

Nous esperons que VOSTRE
ALTESSE SERENISSIME *, ne
condanera pas la hardiesse que*

ã ij

EPISTRE.

nous avons prise de lui ofrir ce Livre, dont le Manuscrit est heureusement tombé entre nos mains. C'est la relation des deux premieres Victoires de Monseigneur le Prince, qui ont esté pour ainsi dire les deux coups-d'essai de cette valeur qui fait aujourd'hui l'étonement de toute la Terre. V. A. S. y verra des prodiges surprenans de cette grandeur & de cette rapidité de courage si naturele à Monseigneur le Prince, & qui est le caractere particulier des Conquerans. Cet ouvrage ne sera pas inutile au Public pour l'instruire du détail de ces deux Campagnes si celebres, qui ont commencé la prosperité du Regne le plus heureux & le plus rempli de merveilles

EPISTRE.

qui fut jamais. Peut-estre aussi
qu'il ne sera pas desagreable
à V. A. S. Elle qui témoigne
tant d'amour pour les lettres, &
tant d'admiration pour toutes les
actions d'un Prince à qui elle
doit la naissance, & qu'elle n'i-
mite pas moins par sa valeur
que par la delicatesse & les lu-
mieres de son esprit. Il seroit à
souhaiter, MONSEIGNEVR,
que les Heros comme lui se vou-
lussent donner la peine d'écrire
eux-mêmes les particularités de
leurs exploits, dont on ne peut-
estre parfaitement instruit que
par eux. Et qui le pourroit
mieux faire que S. A. S. qui a cela de commun avec Cezar aussi
bien que tant d'autres qualités.
Mais puisque le nombre infini

ã iij

EPISTRE.

de ſes glorieuſes ocupations ne lui
laiſſe pas le loiſir de faire vne
grace ſi agréable au Public, il
eſt juſte que tout ce qu'il y a de
meilleures plumes en France s'em-
ploïent à conſacrer la memoire
de ſes grandes actions. Ainſi,
V. A. S. a quelque intereſt d'a-
corder ſa protection à cet Ecrit,
afin que cette faveur excite d'autres Auteurs à nous tracer la
ſuite d'vne hiſtoire ſi merveilleu-
ſe. Pendant qu'ils travailleront
ſur vn ſi noble & ſi vaſte ſujet,
c'eſt à nous à en rechercher exa-
ctement tous les memoires, pour
les laiſſer à la poſterité comme
des témoignages autentiques de
la gloire de nòtre Nation. C'eſt,
MONSEIGNEVR, la vuë
que nous avons euë dans l'im-

EPISTRE.

preßion de ce Livre, & nous
nous tiendrons trop paiés de nô-
tre travail, s'il peut ocuper
quelque temps V. A. S. & lui
marquer avec combien de zelle
& de respect nous sommes,

De VOSTRE ALTESSE SERENISSIME

MONSEIGNEVR,

Tres-humbles & tres-
obeïssants serviteurs,
F. CLOVSIER, P. AVBOVÏN.

PERMISSION.

PErmis d'imprimer. Fait le dixiéme de Mars mil six cens septante-deux.
DE LA REYNIE.

RELATION

RELATION

DE CE QUI S'EST PASSE'

DANS LES CAMPAGNES

DE ROCROI,

ET DE FRIBOVRG,

En l'Année 1643. & 1644.

'A I deffein d'écrire ce qui s'eft paffé dans les campagnes de Rocroi, & de Fribourg, entre l'armée de France & celles d'Efpagne & de Baviere. Peut-eftre que mon travail ne fera pas inuti-

A

2

le , ni defagreable au public. Du moins n'ai-je rien oublié pour dire toûjours la verité. Je n'écris point pour faire parler de moi , & je ne pretends ni flater , ni ofenfer perfone. Enfin , je ne me propofe d'autre but dans mon ouvrage que fa durée ; trop heureux ! s'il plaift aux honeftes-gens dans vn fiecle auffi délicat que celui-ci , & s'il peut aprendre aux fiecles fuivans , les deux plus fameux évenemens de la derniere guerre d'entre les Couronnes.

Vers la fin du regne de Louïs XIII. l'armée Efpagnole eftoit maîtreffe de la campagne. D. F. de Melos gouverneur des Païs-bas , avoit repris Aire & la Baffée , & gagné la bataille d'Honnecourt. Il formoit des deffeins fort vaftes , & fon ambition ne fe bornoit pas à reprendre feulement les places que l'Efpagne avoit perduës. Il prevoioit que la mort du Roi aporteroit du trouble dans la France. Les medecins avoient jugé fon mal incurable. Desja, chacun fongeoit aux avantages qu'il pourroit tirer de la minorité prochaine. Les François mêmes qui ont acoûtumé de perdre par leurs diffentions, tous les avantages qu'ils ont remportez dans les guerres étrangeres, alloient fournir à Melos vne ocafion favorable pour faire de plus grandes conqueftes.

Dans cette penfée, il change le projet du fiege d'Arras dont les preparatifs l'avoient ocupé tout l'hiver, & il fe refout d'ataquer Rocroi ; voulant fe fervir de ce pofte qui donne vne entrée dans la Champagne, pour en faire vne place d'armes propre à toutes fes entreprifes. La mort de Louïs XIII. arriva peu de temps apres, & divifa toute la Cour,

4

ainſi que Melos l'avoit préveu. Les cabales qui ſe formoient de tous coſtez pour la Regence, menaçoient la France d'vne revolution generale. Tous les Eſtats du roiaume ne vouloient plus retomber ſous vn miniſtere pareil à celui du cardinal de Richelieu. Les grands ſeigneurs ont peine à fléchir devant un miniſtre qui ocupe vne place dont chacun d'eux ſe juge plus digne que lui. Les magiſtrats ne veulent dépendre que du Roi dans la fonction de leurs charges, & ne ſe peuvent réſoudre à recevoir la loi d'vn particulier. Les peuples ne manquent jamais d'imputer aux conſeils du miniſtere toutes les impoſitions dont ils ſont ſurchargez, & generalement tous les hommes ſont portez à envier la fortune, & haïr la perſonne des Favoris.

Ainſi, le ſouvenir du paſſé eſtoit odieux, l'avenir donnoit de la crain-

te, le present estoit plein de trouble, il faloit mettre quelque ordre à l'Estat dans vn si grand chan-
gement. Tout le monde souhai-
toit vn gouvernement plus doux
& plus libre, mais personne ne
convenoit des moiens de l'établir.

Neanmoins, le Roi avant que
de mourir, avoit nommé ceux qui
devoient composer le Conseil de
la Regence. Il avoit donné en même-temps le commandement de ses
armées au duc d'Enguïen : mais
afin de moderer les premiers feux
d'vne jeunesse que le desir de la
gloire auroit pû emporter, il lui
avoit donné le marefchal de l'Hô-
pital pour lieutenant general &
pour conseil. Malgré cette dispo-
sition, & toutes les intrigues de la
Cour, la Reine fut declarée seule
Regente avec un pouvoir absolu.

Il sembla d'abord qu'elle voulut

apeller l'évefque de Beauvais au
miniftere, elle eût même quelque
penfée de lui faire donner le chapeau de cardinal à la premiere pro-
motion ; mais ce prelat au lieu de
fe ménager dans ce comencement
de faveur, entreprit de ruïner tous
ceux que le cardinal de Richelieu
avoit élevez , & s'atira par ce
moien vn grand nombre d'ennemis. Pendant qu'il s'atache à contre-temps à renverfer ce que ce
miniftre avoit fait, le cardinal Mazarin profite de tout , & fait fes
liaifons avec les perfonnes qui ont
le plus de credit aupres de la Reine. Ceux que l'évefque veut perdre , ont recours à la protection
du cardinal. La Reine craint qu'on
ne lui faffe trop d'afaires, & fe dé-
goûte des fervices de l'évefque.
Elle trouve enfin le cardinal plus
propre à remplir la place de premier miniftre. Ceux en qui elle fe

fie l'a portent à ce choix, & la font
refoudre à renvoyer l'évefque dans
fon diocefe, & à déclarer ouvertement fon intention pour le cardinal.

D'abord, elle y rencontre de
grands obftacles, le nom feul de
cardinal épouvante les efprits, ra-
pelle la memoire des maux paffez,
& en fait craindre de pires à l'a-
venir ; La divifion fe met parmi
les creatures de la Reine, chacun
prend parti, & les afaires fe broüil-
lent plus qu'auparavant. Neanmoins, l'adreffe & la bonne fortune du cardinal, les fervices qu'il
avoit rendus à la France, la fermeté de la Reine, & le refpect
que tout le monde avoit pour elle, apaiferent les mécontens. L'entreprife formée contre ce miniftre
par la D* & le D* ne fervit qu'à
mieux afermir fon autorité : Ainfi,
Melos fut trompé dans fes prono-

ſtics, comme le ſont tous les étran-
gers qui fondent de grandes eſpe-
rances ſur la diviſion des François;
parce qu'encore que leur legereté
naturelle les porte quelquefois à la
revolte, le fonds de reſpect & d'a-
fection qu'ils ont pour leur Roi,
les ramene toûjours dans l'obeïſ-
ſance; En effet, les Grands, le Par-
lement, & le Peuple, ſe rendirent
au choix de la Reine, & tout fléchit
en même-temps ſous le miniſtere
du cardinal Mazarin; bien qu'il fut
étranger, & que ſes ennemis pu-
bliaſſent qu'il eſtoit ſujet originai-
re du Roi d'Eſpagne, d'vne nation
peu amie des François; & enfin,
quoi qu'on l'eut veû quelque-
temps auparavant dans vne fortune tres-éloignée d'vne ſi grande
élevation.

Le D* ſe conduiſit imprudem-
ment dans l'entrepriſe qu'il avoit
formée contre le cardinal, la D* ſe

croiant plus habile & mieux auprés de la Reine que ce miniſtre,
mépriſa ſes ſoûmiſſions. Dans le
temps que D* & elle déliberent
ſur les moyens de le perdre, le D*
eſt arreſté, la D* eſt diſgraciée, le
reſte de la cabale ſe diſſipe , & la
France devient plus tranquile que
jamais.

Pendant que la Cour eſtoit ocu-
pée à toutes ces intrigues , le duc
d'Enguien ſe preparoit pour la campagne prochaine. Amiens eſtoit le
rendez-vous de l'armée, ce Prince
y arriva vers la fin d'Avril 1643. &
y trouva Gaſſion avec vne partie
des troupes. Eſpenan en aſſembloit
d'autres autour de Laon. Le mareſchal de Grammont s'eſtoit jetté
dans Arras dés le commencement
de l'hiver , & avoit vn corps con-
ſiderable dans cette place. Le duc
d'Enguien demeura trois ſemaines
dans Amiens pour atendre les

troupes qui s'y rendoient, & pour penetrer les desseins des Espagnols. Il avoit même envoié Gassion à Dourlens pour les observer de plus pres. Enfin, il aprit que Melos avoit mis toutes ses forces ensemble aupres de Doüay, & qu'il marchoit vers Landrecies avec vn grand équipage d'artillerie.

Le duc d'Enguien assembla aussitost ce qu'il avoit de troupes aupres d'Amiens, & envoia ordre à celles qui estoient éloignées, de le venir joindre dans sa marche. Il vint loger le second jour aupres de Peronne ; la Ferté-Seneterre mareschal de camp lui mena quelque infanterie, & celle qui avoit hiverné dans Arras le vint trouver au même lieu.

Ce Prince commença déslors à témoigner vne impatience extrême de donner bataille, aimant mieux la hazarder, que de se charger (disoit-il) de la honte de voir prendre vne place dans les premiers jours de son commandement ; mais parce que le mareschal de l'Hospital avoit beaucoup de repugnance à ce dessein, le duc d'Enguien crût qu'il devoit faire par adresse, ce qu'il ne vouloit pas encore emporter d'autorité absoluë.

C'est pourquoi il ne s'en ouvrit qu'à Gassion seul. Comme c'estoit vn homme qui trouvoit aisées les actions même les plus perilleuses, il eût bien-tost conduit l'afaire aux termes que le Prince desiroit. Car sous pretexte de jetter du monde dans les places, il fit qu'insensiblement le mareschal de l'Hospital se trouva si pres des Espagnols, qu'il ne fût plus en son pouvoir d'empescher qu'on n'en vint à vne bataille.

L'armée continua de marcher vers Guise ; c'estoit la place la plus

exposée de toute la frontiere , &
celle dont les Espagnols pouvoient
le plus aisément entreprendre le
siege. Mais l'avangarde Françoise
fut à peine logée dans Fonsomme,
que le duc d'Enguien aprit que les
Espagnols avoient passé devant Landrecies & la Capelle sans s'y ar-
rester , & qu'ils marchoient à grandes journées vers la Meuse.

Ce Prince crût alors qu'ils avoient
quelque dessein sur les places de
Champagne , & craignit avec raison de ne pouvoir joindre Melos
qu'apres que les retranchemens de
ses quartiers seroient achevez , &
peut-estre même aprés la prise d'v-
ne de ces places, qu'il sçavoit estre
mal garnies d'hommes & de munitions. Cette prévoiance l'obligea
de faire avancer Gassion avec vn
corps de deux mille chevaux, afin
d'observer les desseins des Espagnols , & de jetter ses dragons &

fes fuziliers dans les lieux qui en auroient le plus de befoin.

Cependant, le duc d'Enguien ne laiffa pas de continuer fa marche avec vne extrême diligence. Les troupes que commandoit Efpenan le rencontrerent à Joïgni; il receût en ce lieu vn avis certain que Melos s'eftoit arrefté à Rocroi, & que la même nuit il avoit commencé l'ouverture de la tranchée.

Le Prince ne fongeoit plus qu'à fecourir promptement cétte place, lors qu'on lui manda que le Roi Louïs XIII. eftoit mort. Peuteftre qu'en cette oceafion, vn autre que le duc d'Enguien n'auroit pas eu la penfée de fecourir Rocroi. Son rang, fes afaires, les interefts de fa maifon, & le confeil de fes amis le rapelloient à la Cour. Neanmoins il prefera en cette ocafion, le bien general à fes avantages particuliers, & l'ardeur qu'il

14

avoit pour la gloire ne lui permit pas de balancer vn moment. Il tint fecrete la nouvelle de la mort du Roi, & marcha le lendemain vers Rocroi; perfuadant au marefchal de l'Hofpital qu'il ne s'avançoit prés de cette place, que pour y pouvoir jetter vn fecours d'hommés & de munitions par les bois qui l'environent.

Gaffion le rejoignit dans fa marche à Rumigni, & l'inftruifit pleinement de ce que faifoient les Efpagnols, lui dépeignit leurs poftes, & lui monftra le chemin qu'il failoit prendre pour aller à eux. Gaffion avoit marché fi diligemment, qu'eftant arrivé à l'entrée des bois de Rocroi fort peu de temps aprés que les Efpagnols s'eftoient poftez devant la place, il y avoit jetté cent cinquante hommes, & remarqué par la fituation des lieux que tout le fuccés de l'entreprife confiftoit à paſſer le défilé , & à mettre en preſence des ennemis l'armée en bataille entre les bois & la ville.

Rocroi eſt ſitué dans le milieu d'vne plaine environée de bois ſi épais & ſi pleins de marécages , que de quelque coſté qu'on y arrive , il eſt impoſſible d'éviter des défilez tres-longs & tres-incomodes. Il eſt vrai que du coſté de la Champagne il n'y a qu'vn quart de lieuë de bois, & que dans le défilé même apres avoir paſſé le commencement qui eſt fort ſerré , le chemin s'élargit & on découvre inſenſiblement la plaine. Mais parce que le païs eſt rempli d'vne bruyere fort maréca-geuſe , on n'y peut aller que par petites troupes , hormis aſſez pres de Rocroi , où le terrein s'élevant peu à peu devient plus ſec que dans les bois , & fournit vn champ ſpa-cieux & capable de contenir de grandes armées.

Melos eſtoit arrivé le dixiéme de May dans cette plaine, avoit ſeparé ſon armée en ſix quartiers, fait ſes retranchemens & jetté ſes principales forces du coſté qui regarde les défilez ; ſe contentant d'aſſurer le reſte par la diſpoſition generale de ſes troupes, afin d'épargner le temps qu'on emploie d'ordinaire à faire vne circonvalation. Outre ces précautions qu'il avoit obſervées dans ſes poſtes, il avoit mis vn grand corps-de-garde ſur le chemin de Champagne ; ſes ſentinelles & ſes bateurs d'eſtrade eſtoient ſi bien diſpoſez, que rien ne pouvoit entrer dans la plaine ſans qu'il en eût avis. Son armée eſtoit compoſée de huit mille chevaux conduits par le duc d'Albuquerque, & de dix-huit mille hommes de pied commandez par le comte de Fontaines, entre leſquels eſtoit l'élite de l'infanterie Eſpagnole.

Le

Le duc d'Enguien estant informé de ces choses, fit assembler les officiers de son armée à Rumigni, & apres leur avoir exposé ce que Gassion venoit de lui dire, il declara que sa resolution estoit de tout entreprendre pour secourir Rocroi; c'est pourquoi il vouloit s'avancer au plûtôt dans le défilé. Que si les Espagnols s'engageoient à le défendre, ils seroient obligez en dégarnissant leurs quartiers, de laisser vn chemin ouvert au secours qu'on voudroit jetter dans la place; ou bien s'ils laissoient passer le défilé sans combatre, on en tireroit d'autres avantages, & que l'armée s'estant une fois élargie dans la plaine, on pourroit engager les Espagnols à vne bataille, ou du moins prendre des postes & s'y fortifier, en atendant qu'on eût pourveû aux besoins des assiegez.

Enfin, le Prince leur dit que le

B

Roi eſtoit mort, & que dans vne ſi fâcheuſe conjonĉture, il faloit tout hazarder plûtôt que de laiſſer perdre la reputation des armes de France. Qu'à ſon égard, il n'y avoit point de reſolution qu'il ne prit pour empeſcher la priſe de Rocroi. Tout le monde conclut à la bataille, & le mareſchal de l'Hoſpital même fit ſemblant d'y conſentir.

Mais il s'imagina peut-eſtre que les Eſpagnols diſputeroient le défilé, & qu'ainſi l'entrepriſe ſe termineroit par vne grande eſcarmouche dans le bois, durant laquelle on jetteroit du ſecours dans la place, & que l'armée n'eſtant point engagée au delà du défilé, on pourroit ſe retirer facilement, ſans s'expoſer à vn combat general.

La reſolution fut donc priſe de marcher le lendemain droit à Rocroi. Le duc d'Enguien s'avança le même jour juſqu'à Boſſu, & diſpoſa l'ordre de ſa bataille, afin que chacun ſe preparât à cette action dont le ſuccés eſtoit ſi important à ſa gloire & au ſalut de la France.

Son armée eſtoit compoſée de quinze mille hommes de pied, & de ſept mille chevaux, & elle devoit combatre ſur deux lignes apuiées d'vn corps de reſerve, le commandement de ce corps fut donné à Sirop. Le mareſchal de l'Hoſpital avoit ſoin de l'aiſle gauche, & la Ferté-Seneterre y ſervoit de mareſchal de camp ſous lui. Eſpenan commandoit toute l'infanterie, Gaſſion eſtoit ſous le duc d'Enguien à l'aiſle droite; & parce qu'il faloit combatre dans des lieux dificiles, on mit entre chaque intervale des eſcadrons, vn peloton de cinquante mouſquetaires. Les carabins, les gardes du mareſchal de l'Hoſpital & ceux du Prince, tout ce qui reſtoit de dragons &

de fuziliers , furent mis à droit &
à gauche fur les aifles. Ces ordres
eftant donnez , le duc d'Enguien
envoia le bagage à Aubenton avec
tout ce qui eftoit inutile pour vn
jour de combat, & marcha en bataille jufqu'à l'entrée du bois.

Melos preffoit fi vigoureufement
Rocroi , que fans le fecours que
Gaffion y avoit jetté on n'auroit
pas eû le temps de faire lever le
fiege. La garnifon en eftoit fi foible
& fi mal pourveuë , que les Efpagnols n'entreprenoient rien qui ne
leur réüffit. Ils eftoient informez du
mauvais eftat de la place, & le duc
d'Enguien en eftoit fi éloigné, qu'ils
ne croioient pas qu'elle pûft atendre l'arrivée d'aucun fecours.

Mais l'armée de France s'eftoit
augmentée peu à peu par des corps
qui la venoient joindre dans fa marche, & par ce moien elle avoit ofté
aux Efpagnols la conoiffance de fes

forces ; les nouvelles leur en venoient dificilement à caufe que
tout le païs eftoit François. Ainfi,
Melos ne fçeût le veritable eftat de
l'armée du duc d'Enguien, que le
jour même qu'elle entra dans le défilé. Les derniers avis qu'il en avoit
eûs ne la faifoient que de douze
mille hommes ; & il aprit mais trop
tard, qu'elle eftoit de prés de vingt-
trois mille combatans , & même
qu'elle commençoit à marcher dans
le bois.

Melos fut contraint de déliberer
promptement s'il défendroit le défilé, ou s'il atendroit dans la plaine
qu'on le vint ataquer. Rien ne lui
eftoit plus facile que de difputer le
paffage en jettant fon infanterie
dans le bois , & en l'apuiant d'vn
grand corps de cavalerie. Il pouvoit
même en ménageant bien l'avantage des bois & des marécages, ocuper l'armée de France avec vne par-

tie de ſes troupes, & achever avec
l'autre partie de reduire la place
qui ne pouvoit plus tenir que deux
jours. Ce parti paroiſſoit le plus
ſeûr, & il n'y avoit perſonne qui
ne crût que Melos le prendroit.
Mais ſon ambition ne ſe bornoit
pas à la priſe de Rocroi, il s'ima-
ginoit que le gain d'vne bataille lui
ouvriroit le chemin juſques dans le
cœur de la France, & la victoire
qu'il avoit remportée à Honnecourt
lui faiſoit eſperer vn pareil bon-heur
devant Rocroi. D'ailleurs en hazar-
dant vn combat, il croioit ne hazarder tout au plus que la moindre partie de ſon armée, & quelques places
de la frontiere. Au lieu que par la
défaite du duc d'Enguien, il ſe pro-
poſoit des avantages infinis dans le
commencement d'une Regence encore mal afermie.

Sur ce raiſonement, Melos qui
ſelon le genie Eſpagnol, laiſſoit quel-

quefois échaper le present , pour
trop penser à l'avenir, se resolut à
vn combat general. Et afin d'y engager plus aisément le duc d'Enguien, il l'atendit dans la plaine, &
ne fit pas le moindre éfort pour difputer le paſſage du défilé. Ce n'eſt
pas que Melos n'eût peut-eſtre eſté
obligé de faire par force ce qu'il fit
de ſon mouvement ; car dans le
temps qu'il déliberoit là deſſus, il
n'eſtoit preſque plus temps de déliberer. Les premieres troupes du
duc d'Enguien paroiſſoient déja, &
l'armée Françoiſe auroit achevé de
paſſer avant qu'il eût pû aſſembler
ſes quartiers. Neanmoins, s'il eût
voulu faire de bonne heure tout ce
qui dépendoit de lui pour s'opoſer
à ce paſſage, le duc d'Enguien auroit eû peine à le forcer ; par ce qu'il
n'y a rien de ſi dificile dans la guerre, que de ſortir d'vn long défilé de
bois & de marécages , à la veuë

d'vne puiſſante armée poſtée dans
vne plaine ? Quoi qu'il en ſoit , on
voit bien que Melos s'eſtoit prepa-
ré à vn combat general , puis qu'il
avoit pris ſoin de ramaſſer toutes ſes
forces , & mandé à Beck qui eſtoit
vers Palaizeux , de le venir joindre
en toute diligence.

Le duc d'Enguien marchoit en
bataille ſur deux colonnes depuis
Boſſu juſqu'à l'entrée du défilé.
Gaſſion alloit devant avec quelque
cavalerie pour reconoiſtre les ennemis ; & n'ayant trouvé le paſſage
défendu que d'vne garde de cinquante chevaux , il les pouſſa , &
vint raporter au duc d'Enguien la
facilité qu'il y avoit à s'emparer
du défilé.

Ce fut en ce lieu que le Prince
crût devoir parler plus ouvertement
au mareſchal de l'Hoſpital , parce
que le mareſchal voioit bien qu'en
pouſſant plus avant dans la plaine

ij

il feroit impoffible d'éviter de donner bataille. Gaffion faifoit tout fon
poffible pour l'engager , & le marefchal s'opofoit toûjours à fes avis;
mais le duc d'Enguien finit leur dif-
pute & dit d'un ton de maiftre, qu'il
fe chargeoit de l'evenement.

Le marefchal ne contefta plus,
& fe mit à la tefte des troupes qu'il
devoit commander. Le duc d'Enguien fit défiler l'aifle droite , lo-
geant de l'infanterie aux endroits
les plus dificiles, pour affurer le paffage du refte de l'armée. En même-
temps il s'avança avec vne partie
de la cavalerie jufques fur vne petite eminence à demi-portée du canon
des Efpagnols. Si Melos eût chargé
d'abord le duc d'Enguien , il l'eut
défait infailliblement ; mais ce Prince couvrit fi bien le haut de cette
eminence avec ce qu'il avoit d'efcadrons , que les Efpagnols ne purent
voir ce qui fe faifoit derriere lui,

C

Melos ne pût s'imaginer qu'vn si grand corps de cavalerie se fut avancé sans estre soustenu par l'infanterie. C'est pourquoi il se contenta d'essaier par des escarmouches, s'il pourroit voir le derriere de ces escadrons ; mais n'aiant pû se faire jour au travers, il ne songea plus qu'à ranger ses troupes en bataille.

Ainsi, les deux generaux concouroient à vn même dessein, le Prince s'apliquoit vniquement à achever de passer le défilé, & Melos ne travailloit qu'à rassembler ses quartiers. Le lieu où le duc d'Enguien avoit pris son champ de bataille, estoit assez spacieux pour y ranger toute son armée dans l'ordre qu'il avoit projeté. Le terrain y estoit plus élevé qu'aux environs, & s'étendoit insensiblement dans toute la plaine. Il y avoit vn grand marais sur la gauche, & les bois n'estant pas

épais en cet endroit, n'empêchoient
point les escadrons de se former.
Vis-à-vis de cette éminence qu'o-
cupoit le duc d'Enguien, il y avoit
vne autre hauteur presque sem-
blable, où les Espagnols se poste-
rent & firent le même front que
les François, & entre les deux ba-
tailles on voioit vn enfoncement
en forme de valon.

Il est aisé de juger par cette si-
tuation, qu'aucun des deux partis ne pouvoit aller ataquer l'autre qu'en montant. Neanmoins
les Espagnols avoient cét avantage, que sur le panchant de leur
hauteur, & au devant de leur aisle
gauche, il y avoit vn bois taillis
qui descendoit assez avant dans le
valon ; & il leur estoit aisé d'y
loger des mousquetaires pour incomoder le duc d'Enguien quand
il marcheroit à eux.

Les deux generaux travailloient

avec vne diligence incroiable à
mettre leurs troupes en ordre à
mefure qu'elles arrivoient ; & au
lieu d'efcarmoucher comme l'on
fait d'ordinaire à l'aproche de deux
armées , ils fe donnerent tout le
temps neceffaire pour fe mettre en
bataille.

Cependant , le canon des Efpagnols incomodoit beaucoup plus
les François que celui des François n'incomodoit les Efpagnols,
parcequ'ils en avoient vn plus
grand nombre , & qu'il eftoit
mieux pofté & mieux fervi. A mefure que le duc d'Enguien étendoit les aifles de fon armée , les
ennemis faifoient de fi furieu-
fes décharges d'artillerie, que fans
vne conftance extraordinaire , les
troupes Françoifes n'auroient pas
pû conferver le terrain qu'elles
avoient ocupé. Il y eût ce jour-
là plus de trois cens hommes de

tuez ou de bleſſez de coups de
canon, entre leſquels le marquis
de Perſan meſtre-de-camp d'vn regiment d'infanterie eût vn coup
dans la cuiſſe.

A ſix heures du ſoir l'armée de
France avoit paſſé le défilé. Déja
le corps de reſerve ſortoit du bois,
& venoit prendre ſa place dans la
plaine. Le duc d'Enguien ne voulant pas donner aux Eſpagnols le
temps d'aſſurer d'avantage leurs
poſtes, ſe preparoit à commencer
le combat. L'ordre de marcher
eſtoit donné par toute ſon armée;
quand vn accident impreveû penſa
la jetter dans vn déſordre extrême,
& donner la victoire à Melos.

La Ferté-Seneterre commandoit ſeul l'aiſle gauche en l'abſen-
ce du mareſchal de l'Hoſpital qui
eſtoit auprés du duc d'Enguien.
Ce coſté de l'armée eſtoit bordé
d'vn marais, & les Eſpagnols ne

C iij

pouvoient l'ataquer ; ainſi , la Ferté
n'avoit rien à faire qu'à ſe tenir
ferme dans ſon poſte en atendant
le combat. Le duc d'Enguien n'a-
voit point quité l'aiſle droite , &
pendant que les troupes ſe metoient
en bataille , il s'eſtoit ataché prin-
cipalement à reconoître la contenance des Eſpagnols & les endroits
les plus propres pour aller à eux.
Alors la Ferté , peut-eſtre par quelque ordre ſecret du Mareſchal ,
peut-eſtre auſſi pour ſe ſignaler à
l'envi de Gaſſion par quelque ex-
ploit extraordinaire, voulut eſſáïer
de jetter vn grand ſecours dans la
place , & fit paſſer le marais à toute ſa cavalerie & à cinq bataillons
de gens de pied ; par ce détache-
ment l'aiſle gauche demeura dé-
nuée de cavalerie , & afoiblie d'vn
grand corps d'infanterie.

Auſſi-tôt qu'on en eût donné
avis au duc d'Enguien , il fit faire

alte , & courut promptement ou
vn si grand desordre l'apelloit.
L'armée Espagnole marcha en même-temps , ses trompetes sonant
la charge comme si Melos eût
voulu se prévaloir de ce mouvement. Mais le Prince aïant rempli
le vuide de la premiere ligne avec
quelques troupes de la seconde,
les Espagnols s'aresterent , & firent voir qu'ils n'avoient eû d'autre dessein , que de gagner du terrain pour ranger leur seconde ligne.

Il y a des momens precieux dans
la guerre qui passent comme des
éclairs , si le general n'a pas l'œil
assez fin pour les remarquer , &
assez de presence d'esprit pour sai-
sir l'ocasion , la fortune ne les
renvoie plus , & se tourne bien
souvent contre ceux qui les ont
manquez. Le duc d'Enguien envoia dire à la Ferté de revenir sur
ses pas ; les troupes qu'il avoit

détachées repafferent le marais en
diligence , & avant la nuit l'armée fe trouva remife dans fon
premier pofte ; ainfi cét accident
ne fit que retarder la bataille , &
ne caufa d'autre inconvenient , que
de donner aux Efpagnols le temps
de fe metre plus au large & en
meilleur ordre qu'ils n'auroient
fait.

La nuit eftoit fort obfcure , mais
la foreft eftant voifine , les foldats
alumerent vn fi grand nombre de
feux , que toute la plaine en eftoit
éclairée. Les armées eftoient en-
fermées dans cette enceinte de
bois ; comme fi elles avoient eû
à combatre en champ-clos. Leurs
corps-de-garde eftoient fi proches
les vns des autres , qu'on ne pouvoit diftinguer les feux des François de ceux des Efpagnols. Les
deux camps fembloient n'en former qu'vn feul. On n'entendoit

aucune alarme , & à la veille d'v-
ne tres-fanglante bataille , il fembloit qu'il y eût entre-eux vne
efpece de paix.

Dés qu'il fut jour , le duc d'Enguien fit donner le fignal pour marcher. Il chargea d'abord à la tefte
de fa cavalerie mille moufquetaires que le comte de Fontaines
avoit logez dans le bois ; & bien
qu'ils combatiffent dans vn lieu
retranché naturellement & avantageux pour de l'infanterie , l'ataque fut fi vigoureufe qu'ils y demeurerent tous fur la place. Mais
de peur que les efcadrons ne fe
rompiffent en traverfant le refte
du bois où cette infanterie venoit
d'eftre défaite , le duc d'Enguien
avec la feconde ligne de cavalerie
tourna fur la gauche , & commanda à Gaffion de mener la premiere ligne au tour du bois fur la
droite. Gaffion étendit fes efca-

drons en marchant à couvert du
bois , & prit la cavalerie Espagnole en flanc , pendant que le duc
d'Enguien l'ataquoit en teste.

Le duc d'Albuquerque qui commandoit l'aisle gauche des Espagnols , ne sçavoit encore rien de
cette premiere action & n'avoit
pas preveû qu'il pouvoit estre ataqué des deux costez en même-
temps. Il se reposoit sur les mousquetaires logez dans le bois qui
couvroit sa premiere ligne ; de sor-
te qu'il se trouva ébranlé de cette
ataque , & voulut opofer quelques escadrons à Gassion qui venoit l'enveloper. Mais rien n'est si
perilleux que de faire de grands
mouvemens devant vn ennemi
puissant sur le point d'en venir
aux mains. Ces escadrons déja
ébranlez furent rompus à la premiere charge, & toutes les troupes
d'Albuquerque se renverserent les

vnes sur les autres. Le duc d'Enguien leur voiant prendre la fuite
commanda à Gassion de les poursuivre , & tourna tout court contre l'infanterie.

Le mareschal de l'Hospital ne
combatoit pas avec le même succés , car aïant mené sa cavalerie
au galop contre les ennemis , elle
se mit hors d'haleine avant que
de les joindre. Les Espagnols l'a-
tendirent de pied ferme , & la
rompirent au premier choc. Le
mareschal apres avoir combatu
avec vne valeur extréme , eût le
bras cassé d'vn coup de pistolet
& vit en vn instant toute son aisle
s'enfuir à vauderoute. Les Espagnols la poussèrent vigoureuse-
ment , taillèrent en pieces quelques bataillons d'infanterie, gagne-
rent le canon , & ne s'aresterent
qu'à la veuë du corps-de-reserve
qui s'oposa à leur victoire.

36

Tandis que les deux aifles com-
batoient avec vn fort fi inégal,
l'infanterie Françoife marchoit contre l'Efpagnole. Déja quelques bataillons s'eftoient choquez ; mais
Efpenan qui la commandoit, aiant
apris le malheur qui venoit d'arriver à l'aifle gauche, & voiant que
toute l'infanterie Efpagnole l'atendoit en bon ordre avec vne fierté
extraordinaire, fe contenta d'en-
tretenir le combat par de legeres
efcarmouches, afin de voir pour
laquelle des deux cavaleries la victoire fe declareroit.

Cependant, le duc d'Enguien
avoit paffé fur le ventre à toute
l'infanterie Valone & Allemande,
& l'infanterie Italiene avoit pris la
fuite, quand il s'aperceût de la
déroute du marefchal de l'Hofpital. Alors, ce Prince vit bien que
le gain de la bataille dépendoit entierement des troupes qu'il avoit

aupres de lui ; à l'inftant , il ceffe
de pourfuivre cette infanterie &
marche par derriere les bataillons
Efpagnols contre leur cavalerie qui
donnoit la chaffe à l'aifle gauche
de l'armée Françoife , & trouvant
leurs efcadrons débandés , il ache-
ve facilement de les rompre.

La Ferté-Seneterre qui avoit efté
pris dans la déroute de l'aifle gauche , où il avoit combatu avec
beaucoup de valeur , fut trouvé
bleffé de plufieurs coups , & dé-
gagé par vne charge que fit le duc
d'Enguien. Ainfi l'aifle droite des
Efpagnols qui s'eftoit débandée en
pourfuivant la Françoife , ne jouit
pas long-temps de fa victoire.
Ceux qui pourfuivoient fe mirent
à fuir eux-mêmes , & Gaffion les
rencontrant dans leur fuite , les
tailla generalement en pieces.

De toute l'armée de Melos , il
ne reftoit plus que l'infanterie Ef-

pagnole. Elle estoit resserrée en vn
seul corps aupres du canon. Le
bon ordre où elle estoit, & sa
contenance fiere, montroient assez
qu'elle se vouloit défendre jusqu'à
l'extremité. Le comte de Fontaines
la commandoit ; c'estoit vn des
premiers capitaines de son temps,
& quoi-qu'il fut obligé de se faire
porter en chaise à cause de ses in-
comoditez, il ne laissoit pas de
donner ses ordres par tout.

Le duc d'Enguien aiant apris
que Beck marchoit avec six mille
hommes à l'entrée du bois, ne ba-
lança pas à ataquer cette infanterie, quoi-qu'il n'eut qu'vn petit
nombre de cavalerie aupres de lui.
Le comte de Fontaines l'atendit
avec vne grande fermeté, & ne
laissa point tirer que les François
ne fussent à cinquante pas. Son
bataillon s'ouvrit en vn instant, &
il sortit d'entre les rangs vne dé-

charge de dix-huit canons chargés
de cartouches, qui fut fuivie d'vne
grefle de moufquetades. Le feu
fut fi grand, que les François ne
le purent foûtenir, & fi les Efpagnols avoient eû de la cavalerie
pour les poufler, jamais l'infanterie Françoife n'auroit pû fe remet-
tre en ordre.

Le duc d'Enguien la r'allia promtement, & recommença vne feconde ataque. Elle eût le même
fuccés que la premiere ; enfin il les
chargea par trois fois fans les pouvoir rompre. Le corps de referve
arriva, & plufieurs des efcadrons
qui avoient poufflé la cavalerie Efpagnole, fe rejoignirent au gros
que le Prince faifoit combatre.
Alors l'infanterie Efpagnole fut en-
velopée de tous coftés, & con-
trainte de ceder au plus grand
nombre. Les oficiers ne penferent
plus qu'à leur feureté, & les plus

avancés firent signe du chapeau
pour montrer qu'ils demandoient
quartier.

Le duc d'Enguien s'estant avancé pour recevoir leur parole, &
pour leur donner la sienne, les
fantassins Espagnols crûrent que
le Prince vouloit recommencer vne
autre ataque. Dans cette erreur ils
firent vne décharge sur lui, & ce
peril fut le plus grand qu'il eût
essuié de la journée. Ses troupes
irritées de ce qui venoit d'arriver
à leur General, l'atribuant à la
mauvaise foi des Espagnols, les
chargerent de tous costés sans atendre l'ordre, & vangerent par vn
carnage épouventable, le danger
qu'il avoit couru.

Les François entrent l'espée à la
main jusques dans le milieu du bataillon Espagnol, & quelque éfort
que fasse le duc d'Enguien pour
arrêter leur fureur, les soldats ne
donnent

donnent aucun quartier , mais par-
ticulierement les Suiſſes qui s'a-
charnent d'ordinaire au meurtre
plus que les François. Le Prince
va par tout criant que l'on donne
quartier. Les oficiers Eſpagnols ,
& même les ſimples ſoldats ſe
refugient autour de lui. D. Geor-
ge de Caſtelui meſtre-de-camp
eſt pris de ſa main. Enfin , tout
ce qui peut eſchaper de la fureur
du ſoldat , acourt en foule pour
lui demander la vie & le regarde
avec admiration.

Auſſi-tôt que le Prince eût donné les ordres pour la garde des
priſoniers , il travailla au ralie-
ment des troupes , & ſe mit en
eſtat de combatre le general Beck
s'il pouſſoit Gaſſion , & s'il oſoit
s'engager dans la plaine. Mais
Gaſſion revint de la pourſuite des
fuïards , & dit au duc d'Enguien
que Beck n'eſtoit point ſorti du
D

bois , se contentant de recueillir
dans le défilé quelque débris de la
défaite. Que même il l'avoit fait
avec vn si grand desordre , & si
peu de conoissance de l'avantage
qu'il pouvoit prendre des défilés
de la forest , qu'on voioit bien
que la terreur des soldats de Melos s'estoit comuniquée aux siens.
En effet , apres avoir sauvé quelques restes de l'armée Espagnole,
il se retira avec vne precipitation
incroiable , & abandona même
deux pieces de canon.

Le duc d'Enguien voiant sa victoire entierement asseurée, se met
à genoux au milieu du champ de
bataille & commande à tous les
siens de faire la même chose , pour
remercier Dieu d'vn succés si a-
vantageux. Certes , la France lui
devoit en cette rencontre de grandes actions de graces ; car on peut
dire que depuis plusieurs siecles les

François n'avoient point gagné de bataille ni plus glorieuse ni plus importante.

Il s'y fit de belles actions de part & d'autre. La valeur de l'infanteterie Espagnole ne se peut assez loüer ; car il est presque inoüi, qu'apres la déroute d'vne armée vn corps de gens de pied déniié de cavalerie, ait eû la fermeté d'atendre en rase campagne non pas vne ataque seule, mais trois de suite sans s'ébranler ; & il est vray de dire, que sans le gros-dereserve qui vint joindre le duc d'Enguien, ce Prince tout victorieux qu'il estoit du reste de l'armée Espagnole, n'eût jamais pû rompre cette brave infanterie.

On y remarqua vne action extraordinaire du regiment de Velandia. Dans la premiere ataque que fit le duc d'Enguien, les mousquetaires de ce regiment aiant

D ij

esté taillés en pieces, & fon corps
de piquiers eftant envelopé de tous
coftés par la cavalerie Françoife,
il foûtint toutes fes charges qu'on
lui fit , & fe retira en corps au
petit pas jufqu'au gros de l'infanterie Efpagnole.

Lors que l'aifle gauche des François fut rompuë , on vint dire à
Sirop qu'il fauvât le corps-de-re-
ferve , qu'il n'y avoit plus de re-
mede , & que la bataille eftoit perduë ; il répondit fans s'ébranler,
elle n'eft pas perduë puifque Sirop & fes compagnons n'ont pas
encore combatu ; en effet, fa fermeté fervit beaucoup à la victoire. Mais au raport même des Efpagnols , rien n'y parût de fi ad-
mirable , que cette prefence d'efprit & ce fang-froid que le duc
d'Enguien conferva dans la plus
grande chaleur du combat ; parti-
culierement lors que l'aifle gau-

che des ennemis fut rompuë ; car
au lieu de s'emporter à la pourſui-
vre , il tourna ſur leur infanterie.
Par cette retenuë , il empêcha ſes
troupes de ſe débander , & ſe trouva en eſtat d'ataquer avec avantage la cavalerie des Eſpagnols
qui ſe croioit victorieuſe. Gaſſion
y aquit beaucoup d'honeur , & le
duc d'Enguien lui donna de grandes marques de ſon eſtime ; car
dans le champ de bataille même,
il lui promit de demander pour lui
le baſton de mareſchal de France,
que le Roi lui acorda peu de temps
après.

De dix-huit mille hommes de
pied qui compoſoient l'armée de
Melos , il y en eût plus de huit
mille de tués ſur la place & pres
de ſept mille priſoniers. Le comte
de Fontaines meſtre-de-camp-ge-
neral , fut trouvé mort aupres de
ſa chaiſe à la teſte de ſes troupes.

Les Espagnols regreterent long-
temps sa perte, les François loue-
rent son courage, & le Prince
même dit que s'il n'avoit pû vaincre, il auroit voulu mourir comme
lui. Valandia, & Vilalua mestres-
de-camp Espagnols eûrent vn pareil sort. Tous les oficiers furent
pris, ou tués. Les Espagnols perdirent dix-huit pieces de campagne, & six pieces de bateries. Les
François remportèrent deux cens
drapeaux, & soixante étendars.
Le pillage fut grand, & outre le
butin du bagage, on trouva l'argent d'vne montre entiere que
l'armée Espagnole devoit toucher
apres la prise de Rocroi. Du costé
des François il y eût environ deux
mille hommes de tués, mais peu
d'oficiers & de gens de qualité.

Le duc d'Enguien logea ensuite
son armée dans le camp des ennemis; & apres avoir donné or-

dré pour les bleſſés, il entra victorieux dans Rocroi. Il y aprit le
lendemain que Melos s'eſtoit retiré du combat apres la déroute de
l'aiſle droite de ſon armée, &
qu'il n'avoit penſé à raſſembler
les fuïards que ſous le canon de
Philipeville.

Sa cavalerie le vint rejoindre en
ce lieu ; elle n'avoit pas receû
beaucoup de domage, mais l'infanterie fut entierement ruïnée, &
les campagnes ſuivantes ont fait
voir la grandeur de cette perte que
l'Eſpagne n'a jamais pu reparer.
Tant il eſt vrai, qu'vne bonne
infanterie ne peut eſtre conſervée
trop ſoigneuſement, ſoit dans la
guerre, ſoit dans la paix ; par ce
qu'il n'eſt pas au pouvoir des plus
grands Rois, de rétablir qu'avec
beaucoup de temps, vn vieux
corps d'oficiers & de ſoldats acoû-
tumés à combatre enſemble, & à

foufrir les fatigues de la guerre.

Le duc d'Enguien apres avoir
demeuré deux jours à Rocroi,
mena l'armée à Guife par le même chemin qu'elle eftoit venuë.
Elle s'y repofa quelques jours,
pendant lefquels le Prince prepara toutes chofes pour entrer dans
le païs ennemi. Comme les ma-
gazins n'avoient efté faits que pour
la défenfive, il falut faire porter
des vivres & des munitions dans
les places les plus avancées de la
frontiere.

La Flandre eftoit ouverte de tous
coftés. En quelque lieu que le duc
d'Enguien eut deffein de porter fes
armes, rien ne s'opofoit à fon
paffage. Il pouvoit ataquer ou les
villes de la mer, ou les places de
l'Efcaut, ou celles de la Mozelle.

Toutes ces entreprifes pouvoient
aporter beaucoup d'vtilité. La conquefte des places de la mer paroif-
foit

foit la plus avantageufe , parce qu'on prêtoit la main aux Hollandois , & qu'on oftoit en même-temps aux Païs-bas les plus prompts fecours qu'ils reçoivent d'Efpagne. Mais le duc d'Enguien fçavoit que les Hollandois ne craignent rien tant que d'avoir les François pour voifins , & qu'ils feroient la paix & s'allieroient même avec les Efpagnols quoi-que leurs ennemis naturels , pluftôt que de foufrir que la France étendit fes conquê-tes fur les places qui fervent de barriere entre fes frontieres & cel-les des Provinces vnies. D'ailleurs, il eftoit impoffible de prendre ni Graveline ni Donkerque fans vne armée navale. Les flottes du Roi n'eftoient pas en eftat de tenir la mer; il faloit beaucoup de temps, d'argent, & de negociations, pour vaincre la défiance des Etats ge-neraux , & pour les obliger d'y

E

envoier des navires ; ainsi le duc
d'Enguien ne pensa plus à ce dessein.

Il en restoit deux autres ; celui
de l'Escaut & celui de la Mozelle.
Le premier estoit tres-dificile, tant
parce que le débris de l'armée des
ennemis s'y estoit retiré, qu'à cause que l'on n'avoit aucuns maga-
zins de ce costé-là. Le dernier dessein estoit tres-important pour la
conqueste de la Flandre, parce
que Thionville & les autres places
de la Mozelle donnent l'entrée
aux armées d'Allemagne dans les
Païs-bas. Le duc d'Enguien n'é-
tant pas en estat de prendre des
places du costé de la mer, ne pouvoit mieux faire que d'ataquer
Thionville ; afin de couper ce lieu
de comunication entre l'Allemagne & la Flandre, & de disposer
par cette conqueste les afaires
de la prochaine campagne à de

plus grandes entreprifes.

Il eſtoit facile de faire ſubſiſter l'armée du coſté de la Champagne. Tous les preparatifs neceſſaires pour vn grand ſiege, y avoient eſté faits dés l'hiver. Le feu Roy y avoit fait mener des munitions & des vivres, à deſſein de faire la guerre dans la Franche-comté. Le mareſchal de la Meilleraye devoit executer cette entrepriſe. Mais la mort du Roi aiant renverſé tous ces projets, & l'armée d'Italie eſtant trop foible pour tenir la campagne, les troupes du mareſchal de la Meilleraye furent ſeparées en deux corps. Vne partie paſſa les Alpes ſous le Vicomte de Turene, l'autre comandée par le marquis de Geſvres ſervit ſous le duc d'Enguien. Neanmoins il faloit du temps pour faire venir de Bourgogne & de Champagne, toutes les munitions & l'atirail de l'artillerie.

c'eſt pourquoi le duc d'Enguien ne voulut pas encore marcher vers Thionville, de crainte que le general Becĸ n'y jettât des troupes. Ce Prince fit vne marche dans le milieu de la Flandre, pour donner l'alarme aux principales villes, & pour obliger les ennemis d'en fortifier les garniſons; ſon deſſein eſtant de revenir ſur ſes pas à grandes journées, & de tomber ſur Thionville.

Pour cét effet, il dépécha Sainmartin lieutenant de l'artillerie avec ordre de conduire les munitions ſur la frontiere de Champagne, & il écrivit à l'Intendant de cette province qu'il y fit vn grand amas de bleds pour la ſubſiſtance de l'armée. Apres avoir donné ces ordres, il prit ſa marche vers le Hainaut par Landrecies. Emery & Barlemont ſe rendirent apres quelques volées de canon, & Mau-

beuge ouvrit ſes portes ſans reſiſtance. Il pouſſa juſqu'à Binch où
les ennemis avoient jetté quelque
infanterie ; & pour continuer ſa
feinte , il fit ataquer cette petite place qui ſe rendit le même
jour à diſcretion. Le Prince y demeura quinze jours ſans rien entreprendre , afin de laiſſer achever les preparatifs du ſiege de
Thionville. Les Eſpagnols ne man-
querent pas de faire ce qu'il avoit
preveû. Leur cavalerie ſe retira
ſous les places , & le reſte de leur
infanterie fut diſperſé dans les villes voiſines de l'armée Françoiſe;
ainſi , il lui fut aiſé de les prevenir
en tournant tout d'vn coup vers
Thionville.

Il envoioit de grands partis de
Binch juſqu'aux portes de Bruxelles,
& il portoit la terreur juſques dans
les villes les plus éloignées. Enfin on
luy vint dire que tout eſtoit diſpo-

fé en Champagne pour le fiege, & que le marquis Gefvres y eſtoit arrivé avec le corps qu'il comandoit. Le duc d'Enguien partit de Binch, & retourna ſur ſes pas par le chemin de Maubeuge & de Beaumont; rentrant dans la plaine de Rocroi par le même défilé que les Eſpagnols avoient pris pour ſe retirer apres la perte de la bataille.

En partant, il détacha d'Aumont avec douze cens chevaux pour aller joindre le marquis de Gefvres, & pour inveſtir enſemble Thionville. Sirop fut chargé de conduire la groſſe artillerie par le chemin de Toul & de Mets, pendant que l'infanterie avec quelques pieces de campagne marcheroit vers Thionville.

Ces choſes furent executées ſelon les ordres que le duc d'Enguien avoit donnez. Neanmoins

d'Aumont & le marquis de Gefvres n'arriverent devant Thionville
que deux jours avant le Prince.
Car malgré l'incomodité, des
pluies, & les fatigues que l'infanterie fouffrit dans cette marche, il
ne fut que fept jours depuis Binch
jufqu'à Thionville. Il fit vne partie du chemin par le païs de France pour couvrir davantage fon deffein, & paffant la Meufe à Se-
dan, il traverfa le Luxembourg
& fe rendit le feptiéme jour devant Thionville.

Cette place eft affife fur le bord
de la Mozelle du cofté du Luxembourg. Elle n'eft qu'à quatre
lieuës au deffous de Mets. La plaine où elle eft fituée eft tres-ferti-
le. Des cofteaux couverts de bois
bordent cette plaine des deux cô-
tez. L'avantage de ce pofte & la
beauté du lieu, font caufe qu'on
la fortifiée avec beaucoup de dé-

penfe & de foin. Elle a toûjours
efté poffedée par la maifon d'Au-
triche, excepté depuis que le duc
de Guife la prit fous le regne de
Henri II. jufqu'au premier traité
de Vervins, par lequel on la rendit aux Efpagnols. Le malheur de
Féquieres arrivé en 1639. l'avoit
renduë celebre dans ces dernieres
guerres, & chacun la regardoit
comme vne conquefte importante,
mais dificile.

La Mozelle l'affure entierement
d'vn cofté, elle n'a auffi de ce
cofté-là qu'vn rampart reveftu en
ligne droite. Le refte de fon enceinte eft fortifié de cinq grands
baftions reveftus de pierre de taille, & de deux demi-baftions aux
deux bouts qui fe vont rejoindre
à la riviere. Son foffé eft large,
profond, & plein d'eau, fa contrefcarpe eft fort grande, fes
courtines font couvertes de cinq

demi-lunes , & devant la porte du
cofté de Cirq il y a vn grand
ouvrage à corne. La campagne y
eft fi raze & fi vnie de toutes
parts , qu'on ne peut aborder la
ville qu'à découvert. Les montagnes voifines comandent la plaine en beaucoup d'endroits , & en
rendent la circonvalation tres-dificile. Il y avoit huit cens hommes
de pied, & affez de munitions & de
vivres dans cette place , quand le
duc d'Enguien y arriva.

Auffi-toft que fes premieres
troupes commencerent à entrer
dans la plaine , il fit paffer en diligence le comte de Grancei avec
de la cavalerie au delà de la riviere pour empefcher qu'il n'entraft du
fecours avant que les quartiers fuffent feparez. Grancei avoit fervi
au premier fiege en 1639. & eftoit
inftruit de la fituation des lieux &
des paffages par où les Efpagnols

pouvoient venir. Mais] il arrive
bien des chofes à la guerre, que
toute la prudence du general &
des principaux oficiers ne peut empêcher.

Pendant que Grancei paffoit la
riviere , le Prince eftoit demeuré
dans la plaine , & à mefure que
fes troupes y arivoient , il les
faifoit pofter aux lieux qui donnoient le plus de jaloufie. Il remit
au lendemain la feparation des
quartiers & l'établiffement du
camp. L'armée paffa toute la nuit
fous les armes , fans aprendre au-
cunes nouvelles des Efpagnols. A
la pointe du jour on vint dire au
duc d'Enguien qu'vn fecours de
pres de deux mille hommes eftoit
entré dans la place par le quartier
du comte de Grancei.

Neanmoins , le comte avoit
difpofé fes corps-de-garde avec
tout le foin poffible , parcourant

lui-même tous les postes avec vne
extrême vigilance. Pendant la
nuit il n'avoit eu aucune alarme ;
mais vne heure devant le jour vn
de ses partis lui amena deux païsans, qui dirent que quelques troupes des Espagnols avoient passé la
riviere à Cirq, & qu'elles marchoient le long du bord pour se
jeter dans Thionville. Ces païsans
en dirent tant de particularitez &
avec tant de vrai-semblance, que
le comte de Grancei les creût. En
même-temps il changea l'ordre de
ses gardes, & portant toutes ses
forces vers l'endroit que ces païsans lui avoient marqué, il ne
laissa du costé de Mets qu'vn
ou deux regimens pour garder ce
poste.

En effet, deux mille hommes des
ennemis avoient passé la riviere à
Cirq, mais ils avoient tenu vn
autre chemin que les païsans ne

difoient ; car au lieu de fuivre la
riviere , ils avoient pris autour
des bois pour entrer dans la plaine du cofté de Mets. Les Efpagnols executerent leur entreprife
avec beaucoup de diligence & de
courage ; on les vid marcher à la
petite pointe du jour droit à vne
demie-lune. La garde Françoife
étonnée de cette alarme qu'elle n'a-
tendoit point , chargea ce fecours
trop tard & avec defordre. Soit
que l'efort des Efpagnols fut trop
grand , ou que la garde ne fit pas
fon devoir , ces troupes entrerent fans aucune perte dans Thionville.

Le duc d'Enguien aprit cette
nouvelle avec beaucoup de déplaifir. Il voioit la prife de la place
fort reculée , & par confequent
toutes les conqueftes dépendantes
de celle-ci fort éloignées &
peut-eftre manquées pour cette

campagne. Vne place comme
Thionville , bien munie , & défenduë par vne forte garnifon ,
ne pouvoit eftre emportée fans
beaucoup de temps & fans vne
grande perte d'hommes. Au lieu
qu'elle n'auroit duré que tres-
peu de jours en l'état où le Prince l'avoit inveftie. Neanmoins
cét inconvenient ne l'empefcha
pas de continuer le fiege ; au
contraire, il s'y apliqua avec d'autant plus de foin , qu'il y avoit
plus de peril & plus de dificultez à
furmonter. Il paffa la riviere à guai
pour difpofer lui-même les quartiers de ce cofté-là , & il fit faire
deux ponts de bateaux au deffus
& au deffous de la place. Apres
qu'il eût logé fes troupes dans
deux petits villages du cofté de la
Lorraine, il ordonna les gardes , &
marqua les endroits par où il vouloit conduire la ligne de circonvala-

tion ; & enfuite il repaffa la riviere pour aller donner les mêmes ordres du cofté du Luxembourg.

D'abord , il fit feparer fon ar- mée en cinq quartiers ; le plus grand corps de fa cavalerie fe campa dans vne prairie le long de la riviere du cofté de Metz. Gaffion y demeura pour la commander. Le quartier general fut établi auprès de celui de Gaffion , dans vn petit village prefqu'au milieu de la plaine , fur le bord d'vn ruiffeau qui la traver- fe & qui fe va jetter dans la Mo- zelle au pied de la contrefcarpe de Thionville.

Le duc d'Enguien s'y logea avec le principal corps de l'infanterie, & il étendit fon camp dans la plaine jufqu'au pied des montagnes. Les regiments de Rambure & les Suiffes de Molondin , fe pofterent fur les hauteurs proche des bois dont ces montagnes font couvertes.

Il y en a vne beaucoup plus
haute que les autres qui domine
non feulement fur toute la plaine de
Thionville, mais encore fur tous les
cofteaux d'alentour. L'importance
de ce pofte obligea le Duc d'Enguien d'y établir vn puiffant quartier. Le camp en fut marqué au milieu de la hauteur, & d'Aumont en
eût le commandement. Dandelot
commanda l'autre quartier. Le marquis de Gefvres fe chargea de garder avec fa petite armée le cofté de
Cirq depuis la riviere jufqu'aux hauteurs. Palluau & Sirop eûrent le
foin de tout ce qui eftoit audelà de
la riviere, parce que Grancei eftoit
tombé malade, & s'eftoit retiré du
camp.

Auffi-tôt que les quartiers furent difpofez, le duc d'Enguien fit
travailler à la circonvallation, &
tracer de grands forts fur les hauteurs qui commandoient le plus

dans la plaine. Il affura en même
temps 'fa ligne par de bonnes redoutes , garniffant les endroits foi-
bles avec des Fraizes * & des Palif-
fades. * *

Cependant , les convois des vivres & des munitions arrivoient de
toutes parts , & pendant vingt
jours que dura le travail de la circonvalation ; le duc d'Enguien fit
amener de Metz trente pieces de
baterie, & fit faire vn grand amas
de planches , de Madriers *** , de
facs-à-terre, & de faffines pour l'a-
vancement de la tranchée & pour
le fervice de l'artillerie. Les Affiegés
preparoient de leur cofté tout ce
qui eftoit néceffaire pour leur défenfe ; & pendant que leur infan-

* Fraize *eft vn rang de pieux panchés qui pre-*
fentent la pointe, on les met aux fortifications de
terre à la place qu'eft le cordon de pierre à celles
qui font revêtuës.
* * Paliffade *eft vn rang de pieux plantés tout*
droit , prés à prés.
*** Madriers *font de groffes planches de chefne.*

terie

terie eſtoit emploïée à faire de nouveaux travaux , & à rétablir les
vieux , leur cavalerie faiſoit à toute heure des ſorties pour incomoder les aſſiegeans.

Celle qu'ils firent deux jours
apres la ſeparation des quartiers
fut ſi vigoureuſe , qu'ils vinrent
juſques dans le camp du duc d'Enguien. Le comte de Tavanes eût
le bras caſſé d'vn coup de piſtolet
dans cette rencontre. La plaine
eſtoit toûjours remplie d'eſcarmou-
cheurs , & il s'y faiſoit quelquefois
des combats ſi opiniâtres , qu'on y
perdoit autant de gens qu'en des
ocaſions plus éclatantes. Mais la
derniere fut la plus vigoureuſe de
toutes ; car dans le temps que le
duc d'Enguien faiſoit vn grand
amas de Gabions * & de faſſines

* Gabions *ſont comme de grands panniers ronds
défoncés faits de branches entrelaſſees , on les em-
plit de terre pour ſe couurir.*

F

auprés d'vne chapelle dans le milieu de la plaine , les afliegez voulant reconoître ce que c'eſtoit ; firent fortir la meilleure partie de
leur cavalerie , afin de voir de plus
prés ces preparatifs qu'ils ne pouvoient bien difcerner de loin.

L'apreſdînée s'eſtoit preſque paſ-
fée en efcarmouches , quand le duc
d'Enguïen ennuïé de voir fi long-
temps les ennemis dans la plaine,
commanda à Dandelot de les faire
pouffer. Dandelot executa cet ordre avec beaucoup de valeur, mais
avec trop de precipitation ; car il ne
put eftre fuivi que d'vn petit nombre de volontaires ; neanmoins les
efcarmoucheurs plierent à la premiere charge qu'il leur fit juſques
fur la contreſcarpe de la Ville, mais
les efcadrons qui les foûtenoient
aïant avancé , Dandelot fe trouva
envelopé de tous coſtés , & il auroit eſté pris fans vne petite garde

de trente maiſtres conduite par la
Mouſſaye qui le dégagea du milieu
des ennemis.

Ces eſcadrons pouſſerent Dandelot & la Mouſſaye avec tant de
vigueur, qu'ils n'auroient jamais
pu faire leur retraite, ſi le duc
d'Enguien n'eut couru à la grand-
garde, & ne l'eut menée luy-mê-
me en diligence pour les ſoûtenir.
Gerzé & Dandelot y furent bleſſés,
& les Eſpagnols ſe retirerent apres
vn combat fort opiniaſtre.

On ne laiſſoit pas d'achever la
circonvalation, & de munir le
camp de toutes les choſes neceſſaires, le duc d'Enguien eſtoit préſent
à tout, & reconoiſſoit ſoigneuſement les lieux les plus propres pour
faire ſes ataques. Il reſolut d'en
faire deux ; chacune devoit s'atacher à la face d'vn des deux baſtions qui regardent le milieu de la
plaine, afin qu'eſtant proches l'vne

de l'autre, elles fe puffent foûtenir avec plus de facilité.

On laiffa vn grand efpace entre les deux ouvertures des tranchées, & cet efpace diminuoit à mefure qu'elles s'avançoient vers la place. Vne des tranchées fe couvroit fur la droite, l'autre fe couvroit fur la gauche. Les regiments de Picardie & de Navarre y firent la premiere garde. Pendant la nuit ils éleverent deux grands épaulemens de gabions qui couvroient deux places-d'armes affés fpacieufes pour contenir chacune cent chevaux ; parce que l'on avoit befoin de cavalerie à la queuë de la tranchée pour l'apuïer contre les grandes forties des affiegés. Cette même nuit, le duc d'Enguien fit tirer vne ligne affez longue, & commencer deux redoutes capables de loger cent hommes. Dans tous les retours des lignes, il fit faire de grandes places d'ar-

mes, & pouſſer le travail de la tranchée avec tant de diligence , que
malgré le feu continuel des aſſiegés , elle fut avancée la quatriéme
nuit juſqu'à deux cent pas de la
contr'eſcarpe.

En cet endroit , le duc d'Enguien
voulut donner vne comunication
à ſes deux ataques qui s'eſtoient
déja fort aprochées ; & au lieu de
les comuniquer par vne ligne ordinaire , il les joignit par vne grande baterie de vingt-quatre pieces
de canon. La diligence des oficiers
fut ſi grande , que le ſixiéme jour
de l'ouverture de la tranchée , le
canon commença à batre la place.
En ce même lieu de comunication,
les deux ataques prirent chacune
vn chemin diferent , & s'éloigne-
rent l'vne de l'autre , pour ſe tourner vers la face des deux baſtions
qui leur eſtoient opoſés.

A la droite de la tranchée du duc

d'Enguien, il y avoit vn moulin fur
ce petit ruiffeau dont on a déja par-
lé. Il eftoit fortifié avec vne bonne
paliffade & les affiegés y avoient
jetté quelques moufquetaires. Ces
gens incomodoient fort le travail
de la tranchée , parce qu'ils la
voioient à revers. Le duc d'Enguien refolut de les chaffer de ce
pofte , & la nuit même qui fut
la feptiéme de tranchée ouverte ,
ils furent emportez l'épée à la
main , malgré la refiftance opiniâtre des affiegez & le feu continuel du rempart & de la contre-
efcarpe. Avant le jour , ce logement fut joint à la tranchée par
yne ligne , & ce moulin fervit aux
affiegeans comme d'vne redoute
contre les forties de la porte de
Mets.

A l'autre ataque , la ligne fe
pouffoit également. Mais le hui-
tiéme jour les affiegez firent vne

furieufe fortie fur Dandelot qui
eſtoit de garde avec le regiment
d'Harcourt. Pendant que toute la
cavalerie des aſſiegés combatoit
contre celle qui ſoûtenoit la tranchée , leur infanterie fondit ſur la
teſte du travail , & fit reculer la garde avancée juſqu'aupres de la baterie. Dandelot qui ſe trouvoit dans
l'autre ataque aupres du Prince ,
marcha le long de la contreſcarpe
au ſecours de la tranchée. Les aſ-
ſiegez ſe voiant coupez ſe rètire-
rent en diligence. La garde-à-che-
val fortifiée de quelque cavalerie
du camp , pouſſa celle de la place
juſques dans la barriere de la porte , & l'infanterie fut renverſée par
Dandelot juſques dans la contreſcarpe.

Plus le duc d'Enguien s'apliquoit
à faire avancer les travaux , plus les
aſſiegés redoubloient leurs éforts.
Avant qu'on fut à leur contreſcar-

pe , ils eûrent coupé au pied du glacis vn second chemin couvert bien palissadé , qui estoit plus dificile à prendre que celui de la contrescarpe ; parce que la défense qu'il tiroit de la place estoit plus proche & plus razante. Neanmoins , la neufiéme nuit ce nouveau chemin couvert fut emporté des deux costés. On y perdit beaucoup de gens , & il est impossible de n'en pas perdre beaucoup, quand il faut se loger au pied du glacis d'vne contrescarpe veuë de tous costés par les défenses des bastions. Perseval qui avoit la conduite de l'ataque du duc d'Enguien fut blessé à mort dans cette ocasion.

Apres avoir fait vn logement si important , on travailla à celui de la contrescarpe ; & la dixiéme nuit, on logea des mousquetaires à droite & à gauche pour apuïer cette entreprise , qui fut executée le onziéme

onziéme jour. Ceux qui favent la guerre convienent qu'il n'y a rien de plus dificile dans les fieges que les logemens des contrefcarpes, quand on veut les emporter d'emblée, au lieu de s'y loger peu à peu par des fapes & des fourneaux. Celle de Thionville eftoit forte par fa largeur, & par les traverfes que les affiegés y avoient faites. Il eftoit même tres-mal-aifé de choifir vn lieu propre pour faire ce logement ; car foit qu'on le fit vis-à-vis de la face de la demilune ou du baftion, l'vn des deux ouvrages voioit le travail à revers.

Malgré toutes ces dificultez, il fut refolu que l'on forceroit le chemin-couvert aux endroits qui regardoient la face du baftion. Le duc d'Enguien crut que les deux tranchées faifant leurs ataques tout à la fois, ceux qui défendoient la

G

contrefcarpe lâcheroient le pied,
de crainte d'eftre envelopés entre
les deux ataques, & qu'ainfi le logement s'y pourroit faire par des
épaulemens fort élevés, pour fe
couvrir contre les défenfes des
baftions & de la demi-lune.

La nuit que cette ataque fut or-
donnée de la forte, Efpenan commandoit la droite & Gefvres la
gauche. D'abord que le fignal fut
donné, leurs hommes marcherent
en même temps droit à la paliffade.
Les jetteurs de grenades qui eftoient
à la tefte firent vn fi grand feu,
que les affiegés n'y pûrent refifter;
mais aiant trouvé en fe retirant,
que ceux qui s'opofoient au marquis de Gefvres avoient fait vne
plus grande défenfe, ils fe joigni-
rent à eux, & il s'atacha en cet
endroit vn combat fi opiniâtre,
que le marquis de Gefvres perdit
beaucoup de gens avant que de

pouvoir chasser les assiegés du chemin couvert.

Cependant, Espenan qui ne trouvoit point de défense que celle de la demi-lune & des bastions, commença son logement ; mais la Plante capitaine de Picardie qui servoit d'ingenieur en cette action, fut blessé pendant qu'il traçoit l'ouvrage. Cet accident mit le desordre parmi ceux qui portoient les materiaux, la ligne n'estoit marquée qu'à demi, on jettoit les fassines en confusion, & personne ne savoit par où s'y prendre pour travailler au logement. Vn bon ingenieur est, pour ainsi dire, l'ame d'vne ataque, & on ne peut trop considerer ceux qui ont assés de valeur & d'intelligence pour se bien aquiter de cet emploi.

Le duc d'Enguien acourut en cet endroit, & fit emploier toute la queuë de la tranchée à porter des

G ij

barriques, des faſſines, & des facs-
à-terre, tandis que quelques oficiers traçoient le travail le mieux
qu'il leur eſtoit poſſible. Dans ce
logement, tel que le deſordre permit de le faire, cinquante hommes
ſe mirent à couvert avant la pointe du jour, & ſe cacherent apres
avec des Blindes, * & des Chandeliers ** aux lieux qu'ils voioient
enfilés. Ainſi le duc d'Enguien ſe
rendit maiſtre du chemin-couvert,
& les aſſiegés ne purent défendre
plus long-temps leurs traverſes entre les deux ataques.

Les nuits ſuivantes, on ne fit
rien qu'étendre ces logemens, afin

* Blinde eſt vne eſpece de brancart fait de quatre
pieces de bois, deux longues & deux courtes, qui
ſert à couvrir les tranchées découvertes en met-
tant des faſſines deſſus, ou des paniers remplis de
terre.
** Chandeliers ſont deux pieces de bois de cinq
ou ſix pieds de haut plantés de bout ſur vne tra-
verſe, à cinq ou ſix pieds l'vn de l'autre, on rem-
plit l'entre-deux de faſſines, pour ſe couvrir dans
les lieux enfilés.

d'embraſſer la pointe de la demi-
lune, & des baſtions. Auſſi-tôt
qu'on fut logé devant la face de la
demi-lune, le Prince donna ordre
de commencer vne deſcente dans le
foſſé. Il fit jetter quantité de faſſines pour le combler, & en même
temps le mineur y deſcendit. Mais
les aſſiegés avoient fait vn petit
logement avec des barriques le long
de la Berme * de la demi-lune, qui
empeſchoit le mineur de ſe loger,
tantôt avec des bombes, & tantôt à coups de main. Le duc d'En-
ghien voiant qu'à moins que de
rompre ce logement de la Berme à
coups de canon, il eſtoit impoſſible de mettre le mineur en ſeure-
té, fit faire vne baterie de quatre
pieces contre cette face de la demi-
lune, & le canon ruina cette défenſe en peu de temps.

* Berme ou Relais *eſt vn chemin de trois pieds
de large, au pied du rampart, entre le rampart
& le foſſé.*

G iij

Les travaux de l'autre ataque s'a-
vançoient beaucoup , & les logemens s'eftoient élargis de telle forte à droite & à gauche , que les
bateries deftinées pour ruïner les
flancs furent dreffées prefque en
même jour. Les logemens fe joi-
gnirent à la tefte de la demi-lune,
& en moins de huit jours toute la
contrefcarpe fut affurée. Alors on
commença les defcentes dans le
foffé vis-à-vis des faces des baftions , & le Prince fit preparer les
materiaux pour la conftruction des
galleries.

C'eft vn travail long & dificile,
quand le foffé eft large & profond
comme celui de Thionville. D'ailleurs, l'impatience des François ne
leur permet pas d'y aporter toutes
les précautions que l'art-militaire
demande pour ménager la vie des
hommes. Jufqu'au fiege de Hefdin
on fe contentoit de combler le fof-

sé avec des faſſines jettées au hazard, ſans ſe couvrir ni par deſſus
ni par les flancs. Le mareſchal de
la Meilleraye qui commandoit à ce
ſiege ; eſtant aſſiſté de toutes les
choſes neceſſaires pour y réüſſir,
& aiant tenté vainement les voies
acoutumées pour paſſer le foſſé, ſe
ſervit d'vn moien inconu juſqu'a-
lors en France. Courteilles trouva
l'invention d'vne gallerie de faſſines ſi ingenieuſement faite, qu'elle avoit ſa couverture & ſes parapets comme vne gallerie de terre.

Ce fut avec de ſemblables galleries que le duc d'Enguien fit paſſer le foſſé de Thionville. Il avoit
fait amaſſer quantité de faſſines à
la queuë de la tranchée, & ſans
ceſſe il y avoit des hommes ordonnés pour les porter à la teſte du
travail. Auſſi-tôt que les deſcentes
furent vn peu avancées, Courteil

les commença son ouvrage en cette maniere.

Il fit jetter des faffines dans le foffé , jufqu'à ce qu'il y en eût cinq ou fix pieds de haut au deffus de l'eau. Quand le monçeau de faffines fut fait , on acheva de percer la fape pour entrer dans le foffé. Six hommes y pafferent & fe mirent à couvert contre la face du baftion derriere cet amas de faffines ; & dés qu'ils furent couverts, ils commencerent à les ranger à droite & à gauche pour former les parapets , les entre-laçant tantôt en long , tantôt en travers , tantôt en pointe, pour rendre l'ouvrage plus folide. A mefure que les travailleurs les plus avancés difpofoient les faffines , d'autres leur en pouffoient avec des fourches ; & les hommes ordonnés pour les porter de la queuë, à la tefte de la tranchée, les jettoient fans ceffe dans le foffé.

Enfuite , on pofoit le long de la
gallerie de fix pas en fix pas , des
Blindes & des Chevalets , afin que
les travailleurs ne fuffent pas veûs
de la hauteur du rempart. Ils pouffoient ainfi leur ouvrage peu à peu
vers la muraille , & les affiegés
eftoient furpris de voir vn amas de
faffines traverfer infenfiblement la
largeur de leur foffé , fans pouvoir
découvrir les perfonnes qui le faifoient avancer. Pendant qu'on achevoit ces galleries à chacune des ataques , on dreffoit les bateries contre les flancs des baftions. Le canon y fut fi bien fervi , que celui
de la place n'incomoda plus les
travaux , & même les affiegés furent contraints de retirer la pluf-
part de leurs pieces fur vn Cava-
lier , d'où ils ne pouvoient tirer
que dans la plaine & fur la queuë
de la tranchée.

La baterie que l'on avoit faite

pour rompre leur logement fur la
Berme de la demi-lune , en avoit
fi fort ébranlé le rempart , qu'il
eftoit aifé de s'y loger fans faire
joüer la mine. C'eft pourquoi les
affiegés defefperant de pouvoir défendre plus long-temps la demi-
lune, y avoient fait vn fourneau à
l'endroit où ils prévoioient que l'on
fe logeroit ; & quand ils virent
qu'on fe préparoit à commencer l'a-
taque , ils mirent le feu à ce fourneau ; mais il joüa avant que les
gens commandés fuffent montés
fur la demi-lune. L'effet en fut fi
heureux pour les affiegeans , qu'il
ouvrit vn efpace tres-comode pour
placer leur logement, & fit en vn
inftant ce que le travail de plufieurs hommes n'auroit pû faire en
vn jour.

Dés que ce pofte fut affuré , le
duc d'Enguien fit continuer d'autres logemens dans la gorge de la

demi-lune. Enfuite, l'on dreffa vne baterie contre la courtine & les flancs ; & pendant que le canon achevoit de ruïner toutes ces dé-fenfes, le Prince ordona de faire vn pont femblable aux autres droit au milieu de la courtine.

Dans le même temps qu'on fe mit à conftruire les ponts, le duc d'Enguien fit faire à coups de ca-non des trous pour atacher les mineurs dans le milieu des faces des baftions, par des pieces qu'il fit placer au fonds du chemin-cou-vert. Ces trous eftant d'vne gran-deur à loger deux hommes, il fit paffer les mineurs dans des nacel-les, afin que les mines fuffent preftes en même temps que les ponts fe-roient achevés.

Les affiegés n'oublioient rien de leur cofté pour retarder ces travaux; car outre le grand feu du mouf-quet qu'ils faifoient des baftions,

ils jettoient fans ceffe des bombes,
des grenades , & d'autres feux d'ar-
tifice ; & de temps en temps ils
faifoient des forties fi opiniâtres,
que fans la vigilance & l'aplica-
tion continuelle du duc d'Enguien,
les foldats fe feroient rebutés.

Dans vne de ces forties fur l'a-
taque de la droite , les affiegés
chafferent la garde de la baterie
qui eftoit fur la contrefcarpe ; fe
rendirent maiftres du canon, l'enclouërent , & fe retirerent fans perte. Cet accident obligea le duc d'Enguien à faire élever deux bonnes redoutes pour affurer fes bateries.
Les affiegés ne fe rebuterent point,
& tenterent vne des plus extraor-
dinaires actions qui fe foient veuës
dans vn fiege. Pendant qu'ils ocupoient la garde de la tranchée, par
vne grande fortie , quelques fan-
taffins pafferent le foffé fur des
bateaux, fe jetterent dans la con-

trefcarpe, & entrerent jufques dans
la baterie par les embrazures, tue-
rent ou chafferent ceux qui la gardoient, enclouërent le canon, &
fe retirerent heureufement dans la
place.

Des actions fi perilleufes ne fe
faifoient pas fans qu'il en coûtât
la vie à beaucoup de foldats, &
d'oficiers. Le marquis de Lenon-
court gouverneur de Lorraine étant
venu de Nanci pour voir le duc
d'Enguien, eut la curiofité d'aller vifiter les travaux ; mais à
peine fut-il arrivé à la premiere
baterie, qu'il fut tué par vne em-
brazure. En même-temps vn coup
de canon donna contre vn fac-de-
terre fur lequel Dandelot eftoit
apuié, & lui jetta toute la terre
dans le vifage fans lui faire aucun
mal, qu'vn peu d'enflure & de
douleur aux yeux.

Auffi-tôt que ces galleries furent

achevées , & que les mines eûrent joué ; le duc d'Enguien fit
aller à l'aſſaut , pour eſſaïer de
faire vn logement ſur le haut du
baſtion. Le combat y fut fort âpre
des deux coſtez , & les aſſiegeans
furent contrains de ſe retirer avec
beaucoup de perte. Le duc d'Enguien voiant que la mine n'avoit
preſque abatu que le revêtiſſement
de la muraille , & que cét effet
ne ſufiſoit pas pour entreprendre
de ſe loger ſur le baſtion , ſe contenta de faire faire vn petit logement au pied de l'effet de la mine.

En ce meſme lieû , il fit comen-
cer vn fourneau pour abatre la
terre des baſtions ; mais il eſtoit
dificile d'y conduire de nouvelles
mines , le terrain eſtant ſi ébranlé , qu'on n'y pouvoit faire de
galerie qu'avec des chandeliers &
des madriers , en eſtaïant peu à

peu , & quand on foûtenoit la terre d'vn coſté , elle tomboit de
l'autre.

Le mineur ne laiſſa pas d'achever deux petits fourneaux à chacune des deux ataques , & l'on ſe
prepara pour faire vn effort con-
ſiderable. Apres vn combat tres
opiniâtre à l'ataque de la droite,
malgré les bombes , les grenades
& les coups de pierre , les affiegeans ſe rendirent maîtres du haut
de la bréche , mais ils furent contrains de l'abandoner vn quart-
d'heure apres , ne pouvant foûtenir le feu d'vn retranchement que
les affiegez avoient fait à la gorge
du baftion.

Gaffion qui commandoit la garde de la tranchée y fut dangereu-
ſement bleffé à la teſte , Leſcot
lieutenant des gardes du duc d'Enguien y fut tué. Le chevalier de
Chabot & plufieurs oficiers des

gardes du Roi y furent bleffez.
L'affaut qu'on avoit donné à l'autre ataque n'avoit pas efté plus
heureux ; car les deux fourneaux
n'aïant pas joüé en même-temps,
le marquis de Gefvres s'avança
au bruit de la premiere mine , &
comme il eftoit fur le point de
marcher à l'affaut avec plufieurs
oficiers , il fut acablé par l'effet
du fecond fourneau. La perte d'vn
fi brave homme ralentit fort ceux
qu'il commandoit ; ainfi l'ataque
de la gauche fe fit avec peu d'ordre
& de vigueur , & le duc d'Enguien
vid bien qu'il devoit aller avec plus
de précaution contre des gens qui
fe défendoient avec tant d'opiniâ-
treté.

Il falut donc percer jufques deffous le retranchement , & boule-
verfer ces baftions qu'on ne pouvoit emporter par affaut. La Pomme capitaine des mineurs entreprit

prit cét ouvrage, malgré les pluïes
continuelles & les dificultez qui
fe rencontroient dans le terrain.
La riviere eſtoit ſi débordée, que
les deux ponts qui comuniquoient
les quartiers avoient eſté emportez par la force de l'eau. Ainſi,
les quartiers de Pallüau & de
Sirop eſtoient en grand peril, &
ſi le general Becκ qui eſtoit à Luxembourg avec ſon armée, fut venu les ataquer avant que les ponts
fuſſent racomodez, le duc d'Enguien n'y auroit pû aporter aucun
ſecours.

Cependant, le mineur que le
duc d'Enguien avoit fait atacher
au milieu de la courtine, ne trouva derriere qu'autant de terre qu'il
lui en faloit pour s'y loger. Cela
fit voir qu'on auroit plûtôt fait
de la ruiner par vne baterie. En effet, quatre canons y firent en trois
jours vne bréche tres-conſiderable,

H

& en moins de six jours les mines
qu'on faisoit sous les bastions se
trouverent achevées.

Le duc d'Enguien fit avertir les
ennemis, de l'état où ils estoient;
afin qu'ils évitassent par vne prom-
te capitulation, la ruïne de leurs
troupes, le renversement des fortifications, & les malheurs qui
suivent d'ordinaire le sac des villes
prises par assaut. Les assiegez vi-
siterent les mines, & se voiant
ataquez de tous costez sans esperance d'aucun secours, demande-
rent à capituler. Le duc d'Enguien
leur acorda des conditions tres-
honorables; ainsi, apres vne longue resistance, la garnison sortit
le vingt-deuxiéme du mois d'Aoust,
& le trentiéme de l'ouverture de
la tranchée.

De deux mille huit cens hommes
qui composoient la garnison au
commencement du siege, elle estoit

reduite à douze cens. Le gouverneur avoit esté tué, & la plus
grande partie de ce qui restoit d'o-
ficiers estoient blessez ou malades.
Le duc d'Enguien les fit conduire
à Luxembourg, ou Beck avoit
toûjours demeuré pendant le siege avec le corps qu'il comandoit.
La saison estoit avancée, l'infanterie Françoise estoit fort diminuée, & les mines avoient tellement ruiné la place, qu'il faloit
beaucoup de temps pour la rétablir. Ainsi l'armée ne fit autre
chose pendant trois semaines que
remetre les fortifications en état,
& combler la circonvalation. Le
duc d'Enguien renvoïa le gros canon à Mets, pourveût la place de
vivres & de munitions, & en
donna le gouvernement à Marol-
les.

Mais afin d'assurer d'avantage
cette conqueste, & de se rendre

H ij

entierement maiftre de la Mozelle ; le Prince paffa le refte de la
campagne à prendre Circk & quelques chafteaux entre Tréves &
Thionville. Cirk eft vne petite ville dans la Lorraine fituée fur le
bord de la Mozelle, en vn endroit
où les cofteaux refferent extréme-
ment fon lit. Elle n'a aucune fortification , & toute fa feureté dé-
pend d'vn chafteau qui commande
fur la ville. Il eft flanqué par de
groffes tours fort épaiffes , & il
paffe pour le meilleur chafteau qu'il
y ait dans toute cette contrée. Le
duc de Lorraine y tenoit vne garnifon de cent hommes. Le foir même
que le duc d'Enguien y arriva , il
fit emporter la ville , & dreffer
vne baterie devant le chafteau. En
même-temps il fit atacher vn mineur à la muraille. Le gouverneur
étonné de cette ataque, fe voiant
fans efperance de fecours, ne vou-

lut pas fe mettre au hazard de
perdre les hommes qu'il commandoit ; de forte qu'apres s'eftre défendu vingt-quatre heures , il ca-
pitula , & fortit avec vne compo-
fition honorable.

Le duc d'Enguien envoia prendre
d'autres chafteaux le long de la riviere qui ne firent point de refiftance ; & apres cette expedition,
il ramena fes troupes en France
dans des quartiers de rafraîchiffe-
ment. Efpenan & Dandelot demeurerent à l'armée , & le Prince leur
ordona de marcher vers Eftain ,
pendant qu'il feroit vne courfe
avec deux mille chevaux dans le
fonds du Luxembourg. Il alla même jufqu'aux portes de la ville
capitale , & la cavalerie de Beck
fut obligée de fe renfermer dans
la place. Il marcha enfuite alentour d'Arlon fans trouver d'ennemis , & fes troupes aiant fait vn

butin confiderable, il vint rejoindre fon armée à Villers-la-montagne.

Alors, il remit le commandement général au duc d'Angoulefme qui avoit efté pendant la campagne avec vn petit corps d'armée fur les frontieres de Champagne & de Picardie. Apres avoir donné ces ordres, il revint à la cour dans la penfée d'y pouvoir demeurer quelque temps en repos, mais il n'y fut pas pluftôt arrivé, que les afaires d'Alemagne l'obligerent de retourner à l'armée.

Mercy avoit pouffé le marefchal de Guébriant jufqu'au decà du Rhin. Son armée eftoit fi foible, que fans vn prompt & puiffant fecours elle ne pouvoit tenir la campagne plus long-temps. Il faloit même vne perfonne de la qualité du duc d'Enguien pour mener ce renfort, & pour empêcher les

troupes de se débander ; parce
qu'elles craignoient de passer en
Allemagne.

Le comte de Ranzau fut choisi
pour conduire cette armée qui devoit joindre le mareschal de Guébriant. Le duc d'Enguien ne demeura que quinze jours à Paris,
& s'en alla en poste rejoindre Ranzau en Lorraine. Il le trouva à la
coste de Delme où estoit le rendez-vous general, & marchant
par Sarebourg, il joignit enfin le
mareschal de Guébriant à Dachstein
aupres de Strasbourg avec cinq
mille hommes efectifs.

Apres avoir veu toute l'armée
ensemble, & l'avoir assurée qu'il y
reviendroit aussi-tôt qu'il feroit
bon mettre en campagne ; il alla
visiter les places du Rhin, & il
se rendit par le chemin de Sainte-
marie-aux-mines à Neuf-chastel,
où il distribua les quartiers d'hi-

ver. Enfin , il retourna à la cour
ayant gagné dans vne feule campagne vne grande bataille , forcé
vne place tres-importante , & mené vn puiffant fecours en Allemagne.

RELATION

DE LA CAMPAGNE

DE FRIBOVRG

EN L'ANNEE 1644.

L A bataille de Rocroi, & la prife de Thion_ ville , avoient rétabli la reputation des armes de France dans les Païs-bas. L'infanterie Efpagnole eftoit ruinée. La terreur avoit faifi le refte des troupes ennemies. La pluf-part des villes de la Flandre n'é-toient pas en eftat de fe défendre long-temps. Enfin , vn General y

I

pouvoit tout entreprendre avec
fuccés ; le duc d'Orleans prit ce
commandement.

L'emploi d'Alemagne n'eftoit
pas de même, car apres que le
duc d'Enguien y eût mené du fecours , le marefchal de Guébriant
fut tué devant Rotvvil , & l'armée demeura fans autres chefs
que Ranzau & Roze. Ranzau avoit
beaucoup de cœur & d'efprit , il
avoit même vne certaine éloquen-
ce naturele qui perfuadoit dans les
confeils de guerre , & qui entraî-
noit les autres dans fon avis ; mais
fa conduite ne répondoit pas toûjours à fes difcours , car le vin lui
faifoit faire de grandes fautes &
le mettoit fort fouvent hors d'é-
tat de commander ; il avoit mis
l'infanterie en quartier à Tutlin-
ghen , fans prendre aucune précaution pour l'empêcher d'eftre enle-
vée , & il s'eftoit brouillé avec tous

les chefs Alemans. Les Bavarois, &
les Lorrains lui tomberent fur les
bras avant qu'il eût le moindre avis
de leur marche ; & Jean-de-Vvert
l'ayant forcé de fe rendre avec fes
troupes , tous les oficiers furent
prifoniers de guerre. La cavalerie
Alemande difperfée en divers endroits , fe retira vers Brifack fous
la conduite de Roze , & prit fes
quartiers d'hiver dans la Lorraine
& dans l'Alface.

Auffi-tôt que la nouvele en fut
arivée à la cour , le vicomte de
Turene eût ordre d'aller recueillir le débris de cette armée & d'en
prendre le commandement ; Il paffa
tout l'hiver à la rétablir , mais
quelque foin qu'il en prit elle ne
fut pas en eftat de s'opofer aux
Bavarois , dont l'armée s'eftoit grof-
fie depuis la défaite de Ranzau.
Mercy qui la commandoit fe voiant
maiftre de la campagne, alla inveftir

Fribourg qui n'eftoit pas en eftat de foûtenir vn long fiege.

Le duc d'Enguien en aprit la nouvele à Amblemont proche de Mouzon, & receut ordre de la cour d'aller joindre l'armée d'Alemagne pour tâcher de fecourir cette place. Il marcha le vingtiéme de Juillet du cofté de Mets, où fes troupes pafferent la Mozelle & laifferent leur gros bagage. En treize jours de marche il fit foixante-huit lieuës, & il fe rendit à Brifack avec fix mille hommes de pied & quatre mille chevaux.

Le Prince fceût par les chemins, que Fribourg s'eftoit rendu aux Bavarois, que le vicomte de Turene eftoit campé affez prés d'eux, & que Mercy ne faifoit paroiftre encore aucun deffein de changer de logement. Sur cét avis, il s'avança vers le vicomte de Turene avec le marefchal de Grammont, & en

même-temps il donna ordre à Mar-
fin de paffer le Rhin à Brifack avec
l'armée le troifiéme d'Aouft.

Le duc d'Enguien ne demeura au
camp du vicomte de Turene qu'autant qu'il faloit pour reconoître
le pofte des Bavarois, & pour ré-
foudre de quelle façon il les ataqueroit. Il retourna à fon armée
le mefme jour qu'elle paffa le Rhin,
& le lendemain il marcha pour executer l'entreprife qu'il avoit formée avec le vicomte de Turene.

Fribourg eft fitué au pied des
montagnes de la foreft noire. Elles s'élargiffent en cét endroit en
forme de croiffant, & au milieu
de cét efpace on découvre auprès
de Fribourg vne petite plaine bor-
née fur la droite par des montagnes fort hautes, & entourée fur
la gauche par vn bois marécageux.
Cette plaine eft arofée d'vn petit
ruiffeau qui coule le long du bois,

I iij

& qui tombe apres fur la gauche de Fribourg dans l'enfoncement d'vne vallée étroite & coupée de marécages & de bois. Ceux qui vienent de Brifack ne peuvent entrer dans cette plaine que par des défilez au pied d'vne montagne prefque inacceſſible qui la commande de tous coſtés ; & par les autres chemins l'entrée en eſt encore plus dificile.

Mercy s'eſtoit poſté dans vn lieu ſi avantageux ; & comme c'eſtoit vn des plus grands capitaines de ſon temps, il n'avoit rien oublié pour ſe prévaloir de cette ſituation. Son armée eſtoit compoſée de huit mille hommes de pied & de ſept mille chevaux. Il avoit étendu ſon camp le long du ruiſſeau ; mais outre cette défenſe, & l'avantage qu'il tiroit du bois & des marécages, il l'avoit fortifié du coſté de la plaine par vn grand retranchement. On

ne pouvoit aller à lui que par le
chemin de Brisack à Fribourg, &
par consequent il faloit passer au
pied de cette montagne qui défendoit la meilleure partie de ses
troupes. C'est pourquoy ce general emploia toute son industrie à
mettre cét endroit de son camp en
estat de n'estre pas forcé.

Dans la pente du costé de la
plaine, il fit faire vn Fort palissadé où il mit six cens hommes avec
de l'artillerie. Par ce moien, il
s'assura du lieu le plus accessible
de cette montagne. De là, il poussa vne ligne le long d'vn bois de
sapins en montant vers le sommet,
jusqu'à vn endroit où il estoit impossible de passer. Cette ligne estoit
défenduë par des redoutes de deux
cens pas en deux cens pas, & pour
donner encore plus de peine à ceux
qui la voudroient forcer, il fit cou-
cher tout du long de cét ouvrage

quantité de sapins, dont les branches estoient à demi-coupées &
entrelassées les vnes dans les autres, & faisoient le mesme effet
que ces pieux qu'on apelle chevaux
de Frize. *

Entre cette montagne que l'armée Françoise trouvoit sur la droite, & vne autre qui estoit plus
proche de Fribourg, il y avoit vn
enfoncement par lequel on pouvoit
entrer dans le camp des Bavarois ;
mais pour y arriver il faloit faire
vn grand tour, & passer par des
lieux qui n'avoient jamais esté re-
conus. Cét endroit estoit naturellement fortifié par vne ravine
large & profonde, & Mercy s'é-
toit contenté d'y faire faire vn abatis de bois couchés en travers de
la ravine. Enfin, jamais camp n'a

* Chevaux de Frize *sont des poutres lardées de
pieux en tout sens qui presentent leurs pointes
comme vn herisson.*

efté dans vne affiete plus forte, ni
mieux retranché que celui-là.

Cependant, le duc d'Enguien refolut d'en chaffer Mercy, & difpofa fon ataque de cette forte. Il devoit marcher avec toute fon armée
contre la ligne du haut de la montagne le long du bois de fapins,
laiffant le Fort fur la gauche, & s'a-
pliquant vniquement à emporter
les redoutes qui la défendoient;
afin qu'aïant gagné la hauteur qui
commandoit fur tout le refte, il
puft fe rendre maiftre du Fort, &
defcendre en bataille dans le camp
des Bavarois.

Le vicomte de Turene devoit
ataquer l'abatis d'arbres qui défendoit le valon, & pourveu que les
deux ataques fe fiffent en même-
temps, il y avoit lieu d'efperer
que l'ennemi eftant feparé en deux
endroits, feroit embaraffé à fe défendre; & que s'il arrivoit qu'il fut

forcé du cofté de la ravine, le
duc d'Enguien venant par les hauteurs, & le vicomte de Turene en-
trant en même-temps dans la plaine, Mercy ne pourroit leur refifter.

Dés que les troupes furent ar-
rivées, le duc d'Enguien donna
ordre qu'on fe preparaft pendant
la nuit pour combatre le lendemain.
Le vicomte de Turene aiant vn
grand tour à faire, partit avant
la pointe du jour; mais les dificultez qu'il rencontra dans fa marche, retarderent les ataques que
les deux armées devoient faire en
même-temps.

Le duc d'Enguien difpofa la
fienne de cette forte. Son infanterie eftoit compofée de fix bataillons de huit cens hommes châ-
cun. Efpenan marefchal de camp
fut commandé avec deux bataillons
des regimens de Perfan & d'Enguien pour donner le premier. Le

comte de Tournon mareſchal de camp ſe mit à la teſte des regi-mens de Conty & de Mazarin, pour ſoûtenir Perſan. Le duc d'Enguien reſerva deux regimens pour les emploier où l'ocaſion le deman-deroit, & le mareſchal de Gram-mont, Marſin, l'Eſchelle & Mauvilly, demeurerent aupres de ſa perſone. Pallüau mareſchal de camp ſoûtenoit toute l'ataque avec le regiment de cavalerie d'Enguien, & les gensdarmes furent poſtés à l'entrée de la plaine dans vn lieu fort ſerré, pour empeſcher que les Bavarois ne priſſent l'infanterie par de flanc.

Pour aller aux ennemis, il faloit monter ſur vne coſte fort eſcarpée au travers d'vne vigne, dans laquelle il y avoit d'eſpace en eſpace des murailles de quatre pieds de haut, qui ſoûtenoient les terres & qui ſervoient comme d'autant

de retranchemens aux Bavarois.
Les troupes commandées ne laifferent pas de monter dans cette vigne, & de pouffer jufqu'au retranchement de bois de fapin, derriere lequel les Bavarois faifoient
vn feu extraordinaire. L'infanterie
Françoife ne pût forcer ces arbres
entrelaffez fans perdre beaucoup
d'hommes, & même fans fe rompre.

Le duc d'Enguien qui s'eftoit
aproché pour voir l'effet de cette
ataque, obferva que la premiere
ligne de fes gens fe ralentiffoit, &
qu'ils eftoient en partie entre ce
retranchement de fapins & le camp
des ennemis, & en partie dehors,
ne fuïant ni n'avançant. Ils com-
mençoient même à couler fur la
droite le long du camp des Bavarois, pour les aller prendre par le
haut de la montagne ; mais le Prince
aïant reconû auparavant lui-même

qu'on ne pouvoit forcer cet endroit , jugea bien que le fuccés de
fon entreprife ne dépendoit plus
que d'emporter la ligne des ennemis par le milieu.

C'eft pourquoi il refolut de recommencer vne nouvelle ataque
avec ce qui reftoit des premiers
regiments , bien qu'il n'en eût plus
que deux auprés de lui que cet
exemple avoit prefque découragés.
D'abord il fembloit que ce fût vne
efpece de temerité , d'entreprendre
avec deux mille hommes rebutés
du combat , d'en forcer trois mille
bien retranchés & enorgueillis de
l'avantage qu'ils venoient de remporter. Mais il eftoit impoffible
de dégager autrement ceux qui
avoient paffé le premier retranchement de fapins ; car en les aban-
donant , le duc d'Enguien fe reti-
roit avec le déplaifir d'avoir manqué fon entreprife, & facrifié inu-

tilement la meilleure partie de son
infanterie ; outre que toute l'armée Bavaroise auroit esté tomber
sur les bras du vicomte de Turene , n'aiant plus à se défendre
que contre lui.

Le Prince fait toutes ces refle-
xions en vn instant , descend de
cheval , se met à la teste du regiment de Conty , & marche aux
ennemis. Le comte de Tournon
suivi de Castelnau - mauvissiere en
fait de même avec le regiment
de Mazarin ; le mareschal de Grammont, Marsin, Léchele, Mauvilly,
la Moussaye, Jerzé , les chevaliers
de Chabot & de Grammont, Isigny,
Meilles, la Baulme, Tourville, Bar-
bantane, Desbrotteaux, Aspremont,
Viange , & tout ce qu'il y avoit d'o-
ficiers & de volontaires , mettent
pied-à-terre. Cette action redonne
cœur aux soldats, le duc d'Enguien
passe le premier l'abatis de sapins;

chacun à son exemple se jette en foule par dessus ce retranchement, & tous ceux qui défendoient la ligne s'enfuient dans le bois à la faveur de la nuit qui s'aprochoit.

Apres ce premier avantage, le duc d'Enguien monte dans vne redoute qu'il trouve abandonée ; mais l'estat où il se voit n'est gueres moins perilleux que l'action qu'il vient de faire. Vne partie de son infanterie avoit esté tuée ; l'autre s'estoit débandée à poursuivre les fuiards du costé du bois. Les ennemis tenoient encore le Fort où ils avoient placé de l'artillerie, & Mercy pouvoit venir charger les troupes du Prince dans le désordre où elles estoient ; mais peut-estre que la nuit qui s'aprochoit l'empêcha d'en profiter.

Pendant qu'il restoit encore vn peu de jour, le duc d'Enguien rassembla son infanterie, munit les

redoutes qu'il venoit d'emporter,
& malgré les dificultés du chemin,
il fit monter fa cavalerie jufques
fur la hauteur qu'il ocupoit. Apres
que toutes fes troupes l'eurent
joint, il fit faire vn grand bruit
de trompetes & de timbales, pour
aprendre au vicomte de Turene que
fon armée avoit achevé de gagner
le haut de la montagne, & il difpofa toutes chofes pour recommencer le combat le lendemain.

Le vicomte de Turene de fon
cofté, avoit ataqué avec beaucoup
de vigueur l'abatis d'arbres qui
eftoit dans le valon, entre la montagne que le duc d'Enguien avoit
emportée, & celle qui eftoit proche
de Fribourg. Mais Mercy n'aïant
pû s'imaginer que l'on forceroit
fon camp par la montagne du cofté
de Brifack en l'eftat qu'il l'avoit
mis, avoit porté fes principales forces du cofté du valon ; & c'eft ce
qui

qui arrive d'ordinaire à l'ataque des lignes, ce qu'on avoit crû le plus fort eſt emporté le premier. Le lieu eſtoit aſſés ſpacieux derriere ſon retranchement pour mettre ſes troupes en bataille; & quand l'armée du vicomte de Turene auroit pouſſé l'infanterie qui en défendoit l'entrée, toute la cavalerie Bavaroiſe pouvoit la ſoûtenir ſans rompre ſes eſcadrons. Le vicomte de Turene aïant trouvé vne reſiſtance ſi vigoureuſe, ne pût jamais forcer les Bavarois. Tantôt il gagnoit quelques poſtes, tantôt il les perdoit; ainſi ſon ataque ſe paſſa en eſcarmouches, ſans pouvoir entrer dans leurs retranchemens; bien qu'il montrât en cette ocaſion tout ce que la valeur & la conduite d'vn grand capitaine peuvent faire pour ſurmonter le deſavantage du nombre & du lieu.

Le duc d'Enguien entendoit du

K

haut de la montagne le bruit de
cette ataque, & se preparoit pour
le combat du lendemain. Son dessein estoit de marcher par les hauteurs contre le camp des Bavarois,
& de les faire tourner vers lui avec
vne partie de leurs forces, pour
faciliter au vicomte de Turene l'entrée de la plaine. Chacun se dispo-
soit à cette entreprise comme à
vne victoire assurée ; estant presque impossible que Mercy soûtint
deux ataques en même-temps, dont
l'vne viendroit d'enhaut & en queuë
fondre sur son armée, pendant que
l'autre l'ataqueroit en teste.

Neanmoins, Mercy sortit d'vn
pas si dangereux avec vne diligence extraordinaire. Il retira ses troupes sur la montagne proche de Fribourg, & avant le jour il fit sortir
son canon de ce Fort qui estoit au
dessous de l'armée du duc d'Enguien, sans que les generaux Fran-

çois en euſſent aucune conoiſſance.
De ſorte qu'ils furent ſurpris le
lendemain, de voir les Bavarois ſe
retrancher ſur cette montagne voiſine de Fribourg, & de trouver leur
camp deſert, & leur Fort abandoné.

Le duc d'Enguien voïant les troupes du vicomte de Turene répan-
duës dans la plaine, y deſcend
auſſi-tôt ; L'armée le ſuit, & à
peine a-t-il reconu les lieux de plus
pres, que les coups de canon ti-
rés du nouveau camp des Bavarois
lui aprenent qu'ils ont achevé d'o-
cuper la montagne voiſine de Fribourg. A ce bruit, le duc d'Enguien fâché d'avoir manqué ſon
entrepriſe, fait mettre ſon armée
en bataille, malgré la pluïe qui
n'avoit point ceſſé pendant la
nuit ; mais voiant combien ſes
troupes eſtoient fatiguées des combats paſſés & du mauvais temps, il

remet au lendemain à chaſſer les ennemis de leurs nouveaux retran-chemens. Ainſi, l'armée eût le reſte du jour & toute la nuit pour prendre vn peu de repos, & pour ſe preparer à la plus perilleuſe action qui ſe ſoit veuë dans les dernieres guerres.

A main droite de Fribourg en venant de Briſack, il y a vne montagne qui n'eſt pas extremement roide juſqu'au tiers de ſa hauteur, mais dont le reſte eſt fort eſcarpé. En aprochant du ſommet, on trouve vn eſpace de terrain aſſés vni, & capable de contenir trois ou quatre mille hommes en bataille. Au bout de cette petite plaine il reſte encore quelques ruïnes d'vne Tour, au pied de laquelle la plus haute montagne de la foreſt noire commence à s'élever inſenſiblement. Mais comme elle ſe recule fort loin à meſure qu'elle s'éleve, ſa hauteur ne commande que bien peu fur cette plaine.

Mercy avoit pofté le plus grand corps de fon infanterie aux environs de cette Tour , le refte eftoit campé derrière vn bois fur la droite en aprochant de Fribourg , fa cavalerie eftoit placée depuis le bois jufqu'aux murailles de la ville ; enfin ce general avoit auffi bien ménagé les avantages du lieu dans ce pofte que dans le precedent. Il y avoit encore adjoûté pour le défendre , toutes les inventions que l'art de la guerre & la comodité des bois lui pouvoient fournir en fi peu de temps. Les lignes qu'il avoit faites durant le fiege , lui fervirent en partie pour fermer ce nouveau camp, & il n'eut à fortifier que le cofté qui regardoit le valon ; il fit mettre en cet endroit plufieurs rangs d'arbres abatus avec leurs branches entrelacées ; fa meilleure infante-

rie eſtoit derriere ce retranchement
ſoûtenuë de ſa cavalerie, dont les
eſcadrons ocupoient tout le reſte
du terrain entre ces rangs d'arbres
& la ville.

Dés qu'il fut jour, le duc d'Enguien s'aprocha du pied de la montagne où Mercy s'eſtoit retranché,
& prit en chemin quelques redoutes que les dragons des ennemis
gardoient encore dans le valon.
L'armée de Turene avoit l'avantgarde ce jour-là, & devoit faire le
plus grand éfort. Daumont lieutenant general commandoit l'infanterie. Léchelle mareſchal de bataïl-
le marchoit à la teſte de tout avec
mille mouſquetaires détachés des
deux armées ; il eſtoit commandé
pour ataquer le retranchement qui
couvroit le plus grand corps d'infanterie des Bavarois aupres de cette Tour ruïnée. C'eſtoit le lieu le
plus acceſſible par où l'on pouvoit

aller à eux ; c'est pourquoi, le vicomte de Turene fit marcher de ce
costé-là tout le canon des Veymariens.

Le corps d'infanterie du duc
d'Enguien , sous la conduite d'Espenan , estoit commandé pour forcer l'abatis d'arbres. Entre ces deux
ataques on en devoit faire vne
fausse avec peu de gens , & seule-
ment pour favoriser les deux veri-
tables ataques. Roze soûtenoit l'infanterie avec la cavalerie Veymariene. Le marefchal de Grammont
avoit ordre de se tenir en bataille
dans la plaine avec la cavalerie
Françoise , pour prendre le parti
que l'evenement conseilleroit.

Le camp des Bavarois leur donnoit de grands avantages , soit pour
se défendre , soit pour ataquer.
Leur infanterie estoit couverte de
tous costés. Vne de leurs aisles
estoit apuïée du canon & de la

mousqueterie de la ville. L'autre
aisle estoit placée sur vne montagne, dont la hauteur seule sufisoit
pour la seureté des troupes qui l'o-
cupoient. Mais ils avoient vne si
grande étenduë de retranchemens
à défendre, que leur infanterie
afoiblie par les fatigues du siege
& des combats precedens, ne sufisoit pas pour garder leur camp.

Léchelle faisoit desja tirer l'artillerie de son ataque, & n'atendoit plus que l'arrivée de l'arriere-
garde & le signal pour commencer le combat. Le duc d'Enguien
avoit commandé que toutes les
ataques se fissent en même temps.
Léchelle avoit ordre de ne point
marcher aux ennemis, jusqu'à ce
que le bruit des mousquetades eût
commencé vers l'abatis d'arbres, &
vers la fausse ataque du milieu.
Mais vn accident impreveu (comme il arrive très-souvent dans les
plus

plus fages entreprifes de la guerre) renverfa tous les ordres du
duc d'Enguien, & fauva les Bavarois d'vne défaite generale.

Pendant qu'on atendoit l'arieregarde qui n'avoit pû joindre à caufe des mauvais chemins, le duc
d'Enguien fuivi du vicomte de Turene & du marefchal de Grammont eftoit monté fur la plus haute montagne, pour découvrir le
deriere de l'armée des ennemis,
& voir leur ordre de bataille.
En fon abfence, Efpenan détacha quelques hommes à deffein
de faire vne fauffe ataque contre
vne petite redoute qui eftoit fur
fon chemin pour aller aux Bavarois. Quoi qu'il n'y eût envoié
d'abord que tres-peu de gens, le
combat s'engagea infenfiblement de
part & d'autre ; les ennemis foû-
tinrent ceux qui défendoient leur
redoute, Efpenan renforça ceux

L

qui l'ataquoient. Enfin il se fit en cét endroit vne escarmouche si chaude, qu'à ce bruit Léchelle crût qu'il estoit temps de commencer le combat, & son erreur renversa tous les desseïns de cette journée.

Le duc d'Enguien voïant de la hauteur où il estoit toute la montagne des ennemis en feu, jugea qu'Espenan & Léchelle avoient fait vn contretemps, & que ses ordres n'avoient pas esté bien executez. Il court au plus fort de la meslée, il trouve Léchelle mort & ses troupes qui n'osent ni combatre, ni se retirer. Pour reparer ce désordre, il commande au comte de Tournon de se mettre à la teste de ces troupes étonées, & de les assurer qu'il va lui même les soûtenir avec vn puissant secours.

La presence du Prince donna cœur aux soldats, l'infanterie Bavaroife commença à s'ébranler, deux bataillons de celle qui foûtenoit le retranchement, avoient déja fait tourner leurs drapeaux, & donnoient toutes les marques de gens qui ne fongent plus qu'à fuir. Mais ceux qui bordoient leur ligne firent vn feu fi furieux, que l'infanterie Françoife perdit courage, les plus éloignés commencerent à fe retirer, les autres prirent l'épouvante, & plufieurs oficiers même lâcherent le pied.

En vain les generaux les avertiffent du defordre qu'on voïoit dans le camp des Bavarois, les preffent, les menacent, les entraînent au combat. Quand la peur à vne fois faifi le foldat, il ne void & n'entend plus ni l'exemple ni les ordres du general. Le duc d'Enguien fut contraint de faire ceffer l'ataque, & de retirer fes troupes. Cette action fut extremement pe-

rilleufe pour le Prince , & pour
tous ceux qui l'acompagnoient.
Car il fut toûjours à cheval à trente pas des retranchemens des ennemis. Auffi de vingt perfonnes
qui eftoient aupres de lui, il n'y en
eût pas vn feul qui ne raportât
des marques du danger où il s'é-
toit expofé.

Le duc d'Enguien même eût le
pomeau de la felle de fon cheval
emporté d'vn coup de canon , &
le fourreau de fon épée fut rompu d'vn coup de moufquet. Le
marefchal de Grammont eût fon
cheval tué fous lui , & tous les
autres y furent bleffés. Neanmoins
cét evenement ne rebuta point le
Prince , il ne fit que changer le
deffein de fon ataque , & au lieu
de faire le plus grand éfort du
cofté de la ligne comme il l'avoit
refolu le matin , il ordona la prin-
cipale ataque du cofté du retran-

chement d'arbres abatus. d'Aumont fut commandé pour ocuper
les Bavarois avec les troupes qui
venoient de combatre, en faifant
vne diverfion au même lieu où la
premiere ataque n'avoit pas reüffi.
Le duc d'Enguien & le vicomte
de Turene avec tout le corps de
l'infanterie conduite par Mauvilli
marefchal de bataille, foûtenuë
par les gensdarmes, & par la cavalerie de Roze, marcherent droit
à l'abatis d'arbres.

A peine les premiers hommes de
cette nouvelle ataque furent en-
trés dans le bois, que les Bavarois firent vn feu extraordinaire;
neanmoins les François marcherent
contre eux en fort bon ordre pour
effaïer de forcer ce retranchement d'arbres. Apres avoir chaffé
plufieurs fois les ennemis, & en
avoir efté repouffés plufieurs fois;
enfin, Gafpard de Mercy gene-

ral-major de leur cavalerie fut
contraint de faire mettre tous
fes cavaliers pied à terre pour
foûtenir fon infanterie qui commençoit à fe relâcher. Alors l'ef-
carmouche s'opiniâtra plus qu'auparavant, les deux partis tirerent
avec tant de furie, que le bruit &
la fumée confondant toutes chofes, ils ne fe reconoiffoient plus
qu'à la lueur du feu de l'artillerie
& du moufquet. Tous les bois
d'alentour retentiffoient avec vn
mugiffement éfroiable, & au-
gmentoient encore l'horreur du
combat. Les foldats eftoient tellement acharnés, les vns à forcer,
les autres à défendre le retranchement, que fi la nuit ne fut fur-
venuë, il s'y feroit fait de part &
d'autre, le plus grand carnage
qui fe foit veû de nos jours.

La gendarmerie Françoife y fit
vne tres-belle action; la Boulaye

la commandoit , il mena fes efcadrons jufques fur le bord de ce retranchement d'arbres , & malgré
le feu des ennemis il efcarmou-
cha tres-long-temps à coups de
piftolet. Jamais il ne s'eft fait de
combat où fans en venir aux coups
de main , il foit tombé tant de
morts de part & d'autre. Les François y perdirent Mauvilly , & les
Bavarois Gafpard de Mercy frere
de leur general.

Le duc d'Enguien aïant ramené
fon armée dans le camp , ne fongea plus qu'à couper les vivres
aux Bavarois, pour les obliger à fe
retirer d'vn pofte fi avantageux.
Les troupes eurent quatre jours
pour fe rafraîchir , & les bleffés
qui eftoient en grand nombre furent portés à Brifack , afin qu'il
ne reftât rien dans le camp qui pût
aporter du retardement au deffein
que le duc d'Enguien avoit formé.

L iiij

Les montagnes de la foreſt noirë
prenent leur origine dans les montagnes de Suiſſe, & ſuivent le cours
du Rhin, juſqu'à ce qu'elles ſe
ſoient jointes avec les côteaux qui
ſont ſur les bords du Necre. Ces
montagnes ſont fort longues &
plus ou moins larges, ſelon le païs
où elles s'étendent; leur plus grande largeur eſt de dix ou douze lieuës
depuis Fribourg juſqu'à Filinghen.
Ces Villes n'ont de comunication
que par vne valée fort étroite &
incomode pour la marche d'vne armée. Neanmóins, c'eſtoit l'endroit
par ou Mercy devoit aparament
faire ſa retraite. Il n'avoit oſé l'entreprendre en preſence de l'armée
Françoiſe; ainſi le duc d'Enguien
crût qu'en lui coupant ce chemin
de Fribourg à Filinghen, il lui
oſteroit les vivres & les fourages,
& le contraindroit de venir à vn
combat general, ou de ſe retirer en
déſordre.

Le neufiéme d'Aouft, le Prince
fit marcher fon armée vers Langsdelinghen. Le village qui porte ce
nom eft fitué dans la plus acceffi-
ble de toutes ces montagnes. Ce
lieu eftoit affés propre pour incomoder les Bavarois, ou pour les
combatre dans leur retraite. Le duc
d'Enguien y pouvoit faire venir des
vivres de Brifack, en cas qu'il s'en-
gageât plus avant dans les montagnes. Mais le chemin qu'il faloit
tenir pour entrer dans cette valée
eftoit extremement dificile, à caufe des marécages dont les bois font
pleins. Outre que la tefte de l'armée eftant vne fois engagée dans
ces bois, & aïant paffé le ruiffeau
qui les borde, l'ariere-garde de-
meuroit expofée aux Bavarois,
fans qu'il fut poffible au refte des
troupes de la fecourir.

Le duc d'Enguien y aporta toutes les precautions que demandoient

le defavantage du lieu & la prefence d'vn ennemi fi vigilant. Les cavaliers ne pouvant marcher qu'vn
à vn , & tres-fouvent à pied me-
nant leur cheval par la bride , ce
Prince mit vn grand corps d'infanterie à la queuë de l'armée , pour
foûtenir l'arieregarde de fa cavalerie. Il mit auffi des pelotons de
moufquetaires fur les aifles pour
défendre les paffages par lefquels les
Bavarois pouvoient la venir charger.

Dés la pointe du jour , le vicomte de Turene fit marcher fon armée
qui compofoit l'avantgarde ce jour-
là. Le duc d'Enguien prit le foin
de faire la retraite , & fe tint en
prefence de l'armée de Mercy jufqu'à ce que toutes fes troupes fuffent paffées ; & apres avoir traverfé
de la forte ces marécages & ces
bois , il rejoignit l'avantgarde à
Langsdelinghen , fans que les Bavarois euffent fait le moindre éfort

pour lui difputer ni le paffage du
ruiffeau , ni l'entrée du bois.

Mercy aïant obfervé la marche
des François, en avoit conceu auffi-
tôt les raifons. Comme c'eftoit vn
des plus habiles generaux d'armée
qu'il y eût au monde ; il ne man-
qua point de juger que fon falut
confiftoit à prévenir le duc d'Enguien , & non pas à lui difputer
le paffage d'vn défilé. Il n'avoit au
jufte que le temps de fe retirer
avant que les premieres troupes de
l'avantgarde Françoife le puffent
joindre ; & ce fut aparament ce qui
l'empêcha d'ataquer l'arieregarde.
Auffi-tôt qu'il la vid marcher , il
fit décamper fon armée , tenant le
haut des montagnes , & faifant conduire fon bagage par le val de faint
Peter qui mene vers Filinghen.

Le duc d'Enguien aïant apris la
marche de Mercy, fit ce qu'il puft
pour hafter la fiene ; Mais il y avoit

des montagnes presque inacceffibles à traverfer pour lui couper
chemin, & fes troupes eftoient extremement fatiguées. C'eft pourquoi, il fut contraint de détacher
Roze en diligence avec huit cens
chevaux feulement, pour amufer les
Bavarois & les incomoder dans leur
retraite, pendant que le refte de
l'armée pafferoit les défilés.

Roze executa cet ordre avec vigueur, & commença à efcarmoucher contre les Bavarois aupres de
l'abaïe de faint Peter. Auffi-tôt
qu'il eût joint les ennemis, il manda au duc d'Enguien qu'il eftoit à
leur queuë; L'armée Françoife dé-
filoit par vn valon fort ferré, au
bout duquel il faloit monter au
fommet d'vne montagne fi efcarpée
& fi couverte de bois, qu'on n'y
pouvoit paffer qu'vn à vn. Le duc
d'Enguien ne laiffa pas de vaincre
toutes ces dificultés, & fon avant-

garde ne fut pas fi-tôt fur le haut de cette montagne, qu'elle découvrit les Bavarois en bataille, & Roze qui touchoit prefque leur arieregarde.

Pour aller de cette montagne où la tefte de l'armée du duc d'Enguien s'eftoit arreftée, jufqu'au lieu où les Bavarois s'eftoient poftés, il faloit paffer deux défilés, au milieu defquels il y a vn efpace capable de contenir quatre efcadrons enfemble; mais avant que d'y arriver, on defcend par vn chemin creux fort eftroit, & on remonte par vn autre plus fâcheux à l'entrée d'vne plaine, où la cavalerie de Roze efcarmouchoit contre l'arieregarde des Bavarois.

Mercy n'eût pas pluftôt découvert les premiers bataillons de l'avantgarde Françoife fur le haut de la montagne, qu'il jugea bien que toute l'armée eftoit deriere ; &

comme Roze incomodoit extremement la queuë de son arieregarde,
il resolut de se défaire de lui par vn
grand éfort avant que le duc d'Enguien fut plus pres , & qu'il eût
assés de troupes assemblées pour le
soûtenir ; & afin de l'acabler tout
d'vn coup , Mercy fit faire demi-
tour-à-droit à toute son armée, &
marcha contre la cavalerie de Roze.

Ce colonel au lieu de se retirer
promtement dans le défilé , ralia ses
escadrons , & avec sept ou huit cens
chevaux , il osa bien aller afronter
dans vne plaine toute l'armée Bavaroise. Il avoit l'armée ennemie &
la plaine devant lui ; à droite , le
grand chemin de Filinghen rempli
du bagage des Bavarois ; à gauche,
vn grand precipice ; & derriere lui,
le défilé par où il faloit rejoindre
le duc d'Enguien. Roze détacha
d'abord vn de ses escadrons pour
d'esteler les chariots du bagage des

ennemis , & avec ce qui lui restoit,
il alla charger les plus avancés de
l'armée Bavaroise. Mais pour se
conserver libre l'entrée du défilé,
il y laissa quatre escadrons, deriere lesquels il se retira apres avoir
esté trois fois à la charge avec les
autres. Ces quatre escadrons soû-
tinrent le choc des Bavarois sans
s'ébranler , jusqu'à ce que le reste
de cette cavalerie fut entré pesle-
mesle dans le défilé : Enfin , de
quatre escadrons , Roze n'en laissa
plus que deux pour défendre ce
passage ; lesquels apres vne resistance incroiable , voïant leurs gens
hors du peril , se jeterent dans le
precipice qu'ils avoient sur la gauche , par des lieux où jamais il n'a-
voit passé ni hommes , ni chevaux.

L'action de Roze fut vigoureu-
se , & conduite même avec tout
l'art qu'il est possible de pratiquer

dans vn ſi grand peril ; mais il ne
s'en feroit jamais ſauvé , ſi Mercy
n'eut pas veu ſur la montagne voiſine les corps de l'armée Françoiſe
qui ſe formoient peu à peu ; & même que le duc d'Enguien s'eſtoit
avancé pour ſoûtenir la cavalerie
de Roze. Car comme il ne crai-
gnoit rien tant que de s'engager à
vn combat general , il aima mieux
laiſſer eſchaper ces eſcadrons , que
de pouſſer plus avant dans le défilé.

En effet , le duc d'Enguien aiant
remarqué du haut de la montagne
l'action de Roze , & le danger où
il eſtoit , avoit ralié ce qui s'eſtoit
trouvé de gens autour de ſa perſonne pour aller le ſecourir. Il eſtoit
deſja dans cet eſpace de terrain en-
fermé entre les deux défilés , lors
que Roze le rejoignit ; ainſi , cette
reſolution du duc d'Enguien , & la
prudence de Mercy furent en partie

tie causes de l'honeur que Roze
aquit dans sa retraite.

Mercy commença la siene en
même temps, mais avec tout l'ordre que peut aporter vn grand capitaine qui veut n'estre jamais forcé de combatre, & pouvoir prendre ses avantages quand on lui en
donne l'ocasion. Neanmoins, il a-
bandona son artillerie & son bagage, & laissant quelques dragons
dans les bois pour disputer la sortie du défilé, il fit faire demi-tour-
à-gauche; & après cela, il marcha
si viste par le grand chemin de Filinghen, qu'en vn moment l'armée
Françoise le perdit de veuë.

Pendant que Mercy ne songeoit
qu'à presser & assurer sa retraite,
le duc d'Enguien de son costé ra-
lioit ses troupes pour le suivre;
mais le chemin estoit si dificile,
qu'avant qu'elles fussent toutes ensemble, l'armée Bavaroise en fut

M

éloignée de plus d'vne lieuë.

Il y a vne montagne entre Saint
Peter & Filinghen beaucoup plus
haute que les autres, au sommet
de laquelle on trouve vne plaine
qui peut contenir vne armée en
bataille, & qui commande sur tous
les côteaux d'alentour. Les eaux,
les pasturages, & la fertilité de la
terre qui est cultivée par tout, rendent ce lieu tres-comode & tres-
seur pour camper. Ceux qui conois-
soient le païs, ne doutoient point
que Mercy n'y établit son camp,
& cette raison obligeoit le duc
d'Enguien de presser extremement
sa marche. Neanmoins, quand les
coureurs de son avantgarde furent montés sur le Holgrave (c'est
ainsi que se nomme cette plaine)
ils trouverent que les Bavarois apres
avoir commancé de remuër la terre pour s'y retrancher, avoient
passé outre avec vne diligence en-

core plus grande que celle des François.

Alors le duc d'Enguien perdant l'esperance de les joindre, retourna sur ses pas, & vint camper à l'abaïe de Saint Peter. Ses troupes estoient si lasses, qu'il fut contraint de les y laisser reposer le jour suivant, pendant que l'on brûleroit le bagage des Bavarois, & qu'on emmeneroit six canons & deux mortiers qu'ils avoient abandonés. Le lendemain, il prit vn petit chasteau situé dans les montagnes qui pouvoit servir à ses desseins, & il envoia le comte de Tournon conduire l'artillerie à Brisack.

Ainsi, la retraite du colonel Roze fut la derniere action remarquable de la bataille de Fribourg, qu'on peut nommer vne suite de plusieurs combats tres-sanglans, plustôt qu'vne bataille ordinaire. D'vn costé, on y voit vne valeur qui ne

M ij

fe rebute ni de l'incomodité du temps, ni du defavantage des lieux, qui hazarde tout pour vaincre, & enfin qui remporte la victoire ; De l'autre cofté on voit vne prudence qui ne s'ébranle de rien, qui profite de tout pour fa défenfe, & qui ne laiffe pas d'eftre acompagnée d'vne extreme valeur. Il eft dificile de juger lequel des deux merite le plus de gloire, ou d'ataquer vne armée retranchée dans des lieux prefque inacceffibles & de l'obliger d'en fortir ; ou bien de conferver vn jugement ferme & intrepide dans vne longue retraite, en prefence d'vn ennemi preffant & victorieux ; & enfin de fçavoir choifir des poftes dans lefquels on puiffe n'eftre jamais forcé : Cependant, il eft vrai de dire qu'vn general qui abandone fon artillerie & fon bagage paffe d'ordinaire pour batu, & l'honeur de fa retraite n'eft

point complet s'il ne sauve tout;
On peut dire même , que la prudence de Mercy n'auroit pû le ga-
rantir d'vne déroute generale , sans
les contre-temps que prirent Espenan & Léchelle dans l'execution
des ordres du duc d'Enguien ; Enfin,
il arrive presque toûjours qu'vne
armée qui ataque des retranchemens avec vigueur , à de grands
avantages sur celle qui les défend.

Apres que le duc d'Enguien eût
fait partir le comte de Tournon , il
retourna vers Landsdelinghen où
son bagage & son canon l'aten-
doient ; Alors , il ne songea plus
qu'aux avantages que la retraite de
Mercy lui pouvoit donner. Le sen-
timent des principaux oficiers estoit
de reprendre Fribourg ; on n'estoit
venu que pour secourir cette place,
& par consequent , ce devoit estre
le premier fruit de la victoire. Les
Bavarois n'avoient pû combler leurs

142

lignes, ils estoient desja bien éloignés, la garnison de cette place estoit foible, mal pourveüe de toutes choses, & éfraïée du succés des combats qu'elle avoit veus de ses ramparts.

Neanmoins, le duc d'Enguien fut d'avis d'entreprendre le siege de Philisbourg, l'autre dessein ne lui paroissant pas assés grand dans vne fin de campagne qu'il faloit couroner par quelque chose d'éclatant. Outre qu'en se bornant à la prise de Fribourg, les armes de France n'en auroient pas esté plus avancées dans le païs, & même qu'elles auroient esté contraintes de repasser le Rhin pour prendre des quartiers d'hiver en Alsace.

Ce n'est pas que le siege de Philisbourg ne fut extremement dificile; il faloit faire vne longue marche pour y aller. L'infanterie estoit diminuée, l'argent épuisé, les vi-

vres éloignés ; mais le duc d'Enguien méprisa toutes ces dificultés , & le siege de Philisbourg fut
resolu. Il envoia à Brisack Champlastreux intendant de son armée,
pour preparer les munitions & pour
faire charger dix pieces de baterie
sur les bateaux dont on se devoit
servir pour faire vn pont sur le
Rhin.

Champlastreux qui estoit actif &
intelligent dans son emploi , eut
bien-tôt fait ces preparatifs. Le
Prince partit de Langsdelinghen le
seiziéme d'aoust avec son armée,
& prit sa route le long du Rhin,
apres avoir détaché Tubal avec vne
partie de la cavalerie Veymariene,
quelques mousquetaires & quelques dragons. Roze suivit Tubal
avec le reste des Veymariens. Le
duc d'Enguien se reserva la conduite de l'infanterie des deux armées,
& de toute la cavalerie Françoise.

Il marcha en cet ordre vers vn chasteau situé à cinq ou six lieuës de Strasbourg , fortifié de tours à l'antique & défendu d'vn assés bon fossé plein d'eau , qu'il prit en passant afin de s'assurer la comunication de Strasbourg. Delà il vint à Kupenheim , que Roze avoit pris dans son passage avec plusieurs autres lieux. Tubal s'estoit aussi rendu maistre de Etlingen , Forsen, Bretten, Durlack , Baden , Pruëssel, & Vvissoch , petites villes fermées de fossés , à la pluspart desquelles il y a des chasteaux. Le vicomte de Turene alla investir Philisbourg avec trois mille chevaux & sept cens hommes de pied , & le duc d'Enguien arriva le vingt-cinquiéme d'aoust devant cette place en dix jours de marche depuis Langsdelinghen.

Philisbourg est situé auprés du Rhin sur les confins de la duché

de

de Vvirtemberg & du bas-Palatinat
à trois lieuës de Spire. Depuis Brifack jufqu'à Hermeftein, il n'y a
point de place forte que Philisbourg. On l'apelloit autrefois Vden-
hein, c'eftoit la maifon des Evêques de Spire. Les troubles d'Alemagne engagerent infenfiblement
ces Evêques à la fortifier. Quand
ils l'eurent mife en eftat de fe défendre, elle ne demeura guere entre leurs mains. Les Imperiaux, &
enfuite les Suedois, s'en rendirent
les maiftres. Les François la poffe-
derent quelque temps, & enfin elle
eftoit revenuë fous la domination
de l'Empereur.

Cette place a vn Fort quarré qui
commande fur le Rhin, & qui fe co-
munique avec la ville par vne chauf-
fée de fix pas de large & de huit
cens pas de long, élevée de cinq
pieds au deffus du marais. Vis-à-
vis de Philifbourg la riviere forme

N

vn grand coude , & fait beaucoup
de marécages autour de la moitié
de la place. Sa fortification n'eſt
que de terre , mais ſes remparts
ſont fort épais ; elle a des foſſés
larges & profonds , l'aproche ne
s'en peut faire que par vne teſte,
le corps de la place eſt compoſé de
ſept baſtions preſque reguliers , la
Berme eſt ſi large qu'elle ſert de
Fauſſebraye , cette Berme eſt défenduë d'vne haïe vive tres-épaiſſe,
le foſſé eſt plein d'eau , large de
deux cens pieds & profond de quatre toiſes avec vne contreſcarpe
bien paliſſadée. Du coſté de ce coude que le Rhin fait aupres de la
place , il n'y a qu'vn marais couvert de bois en quelques endroits.
De l'autre coſté , le terrain y eſt
vn peu plus haut , & meſlé de
bruyeres , de bois , & de terres la-
bourées.

Lors que le duc d'Enguien la fit

inveſtir, Bamberg en eſtoit gouverneur; ſa garniſon eſtoit compoſée de deux cens chevaux & de cinq cens hommes de pied, il avoit cent pieces de canon & des munitions pour ſoûtenir vn long ſiege.

Apres que le duc d'Enguien eût reconu les lieux les plus avantageux pour aſſurer ſa circonvalation, il emploïa le reſte de la journée à prendre ſes poſtes, & il deſtina la nuit pour ataquer le fort du Rhin. L'armée Françoiſe prit ſes quartiers depuis Knaudeneim juſqu'à vn ruiſſeau qui coupe la plaine à moitié chemin de Rheinhauſen, & l'armée Alemande fut poſtée depuis ce ruiſſeau juſques à Rheinhauſen.

Auſſi-tôt qu'il fut nuit, les troupes ſe diſpoſerent à l'ataque du Fort. Le duc d'Enguien y alla par les bois, & le vicomte de Turene s'en aprocha par de petites digues

qui font au travers du marais. Le
duc d'Enguien n'y pût arriver qu'à
la pointe du jour, parce qu'il avoit
pris vn chemin plus long & plus
dificile.

Bamberg n'aïant pas affés d'infanterie, avoit retiré dans la place
tout ce qui eftoit à la défenfe du
Fort. Le vicomte de Turene le
trouva abandoné, s'en faifit, & le
munit de tout ce qui eftoit neceffaire contre les ataques de la ville.

Le duc d'Enguien ne fongea plus
qu'à bien affurer fa circonvalation.
Il fit élever des forts & des redoutes aux endroits où le terrain y
eftoit propre, & abatre dans les
marécages quantité d'arbres pour
couper tous les chemins. Le vicomte de Turene ne trouva pas tant
d'obftacles à fortifier fon quartier,
car il fe fervit d'vne grande ravine
qui regnoit prefque d'vn bout à
l'autre de fon camp, & elle fut en

défenfe en y faifant vn parapet ;
de forte que les travaux de la circonvalation furent achevés en quatre jours , & le camp fermé de tous
coftés depuis Knaudeneim jufqu'aupres de Rhinhaufen.

Cependant , le pont de bateaux
arriva chargé du canon , des munitions & des vivres. En vingt-quatre heures il fut placé vis-à-vis de
Germesheim , & de Knaudeneim.
Germesheim eft vne petite ville du
bas-Palatinat , affife fur le bord du
Rhin , fortifiée de baftions de terre , avec vn foffé fec du cofté de
Spire , & plein d'eau du cofté de
Philifbourg & du marais. Sa prife
eftoit neceffaire pour tenir le haut
du Rhin , & comme on ne pouvoit
faire de circonvalation au delà de
la riviere , on ne pouvoit auffi en
eftre affuré qu'en prenant les places qui la commandoient.

Du moment que le pont fut ache-

vé , le duc d'Enguien fit paſſer
d'Aumont avec ſix cens hommes de
pied & trois cens chevaux pour ataquer Germesheim. D'Aumont s'en
rendit le maiſtre en deux jours de
tranchée ouverte, & enſuite il marcha vers Spire. Cette ville, bien que
ſituée ſur le Rhin, n'eſt conſidera-
ble que par la Chambre Imperiale
dont elle eſt le ſiege , car elle n'eſt
fermée que d'vne muraille avec
des tours à l'antique & vn méchant
foſſé.

Pendant que d'Aumont s'aſſuroit
de tous les poſtes neceſſaires ſur le
bord du Rhin, le duc d'Enguien fit
commencer les ataques de Philisbourg. On a desja obſervé que l'a-
proche ne s'y peut faire que par
vne ſeule teſte , où l'on trouve vn
terrain ſabloneux qui continuë preſque de la même largeur juſques ſur
la contreſcarpe de deux baſtions de
la ville.

Le duc d'Enguien ordona deux
ataques par cet endroit. Le marefchal de Grammont conduifit la gauche. Le vicomte de Turene prit foin
de la droite. L'vn & l'autre fe fervirent d'environ quinze cens pas du
cours d'vn petit ruiffeau qui paffe
par cette plaine, dont ils détourne-
rent l'eau pour faire leur aproche
vers les deux baftions qu'ils ataquoient. La tranchée fut ouverte
le premier jour de Septembre, & la
nuit même on fit vne place d'armes
commune aux deux ataques, de laquelle chacune conduifoit fon aproche vers le baftion opofé.

Efpenan avec le regiment de Perfan fut de garde la premiere nuit
dans la tranchée de Grammont ; &
apres avoir pouffé la ligne prés de
deux cens pas, il commença vne
grande redoute, où il établit vn
corps de garde de cent gendarmes
à la tefte des travailleurs ; & ces

N iiij

cavaliers avoient ordre de se retirer
pendant le jour deriere vne mazu-
re proche de l'ouverture de la tranchée.

La nuit fut assés paisible, & les
assiegés qui ne sçavoient encore où
l'on travailloit, n'interrompirent
point l'ouvrage des assiegeans. Mais
dés que le jour parût, & qu'ils virent la terre qu'on avoit remuée,
ils voulurent essaïer de ruiner par
vne sortie, le travail qui s'estoit
avancé pendant la nuit. Ils déta-
cherent deux cens hommes de pied
& cent chevaux qui s'avancerent
contre la ligne; & bien qu'elle fut
encore pleine de travailleurs, Espenan se prepara pour les recevoir, &
commanda aux gendarmes de s'o-
poser à la caualerie des assiegés.

Cet escadron marcha aux ennemis avec vn tel désordre, qu'il
fut entierement rompu au premier
choc, & la Boulaye y fut tué sur

la place. Neanmoins , Efpenan mit
la ligne en fi bon ordre , que les
affiegés n'oferent l'ataquer , ni
poufler plus loin ce premier avantage qu'ils venoient de remporter.
De forte que les gendarmes eûrent
le temps de fe ralier & de revenir
à la charge. Ils s'en aquiterent fi
bien la feconde fois , que malgré
le feu des baftions tout ce qui
reftoit de cette fortie fut chaffé
jufques dans la contrefcarpe.

Ainfi , les affiégeans continue-
rent leur travail fans interruption;
mais leur infanterie eftoit tellement
diminuée , que celle de l'armée
d'Enguien ne montoit qu'à trois
mille hommes , & l'autre n'eftoit
pas de plus de deux mille. Avec fi
peu de gens , le Prince eût des
peines incroïables à garder vne fi
grande circonvalation , & à fournir
les hommes qu'il faloit pour la garde de la tranchée , & pour tous

les autres travaux.

Son infanterie eſtoit compoſée de quatre bataillons. Celui qui ſortoit de la tranchée alloit à la garde extraordinaire du camp. Les deux autres travailloient aux aproches , & le dernier amaſſoit des faſſines pour remplir le foſſé. Palluau avec le regiment d'Enguien releva la ſeconde nuit Eſpenan & Perſan ; il avança beaucoup la ligne & acheva la redoute. Tournon & Marſin les deux nuits ſuivantes pouſſerent les travaux fort avant , & firent vne baterie de ſix canons.

Le vicomte de Turene n'avoit pas fait moins de diligence de ſon coſté ; la cinquiéme nuit les deux ataques firent leur logement ſur la contreſcarpe. Bamberg ne s'eſtoit opoſé à tous ces travaux que par le feu du canon & du mouſquet. Le duc d'Enguien n'avoit eû aucu-

ne nouvele de l'armée de Baviere ;
Il fçavoit feulement que Jean-de-
Vvert marchoit avec mille chevaux
& autant de moufquetaires pour ef-
faier de jetter du fecours dans Philifbourg , & cet avis l'obligea de
redoubler la garde des lignes , &
même de faire faire le bihoüac toutes les nuits.

Auffi-tôt que les deux ataques
eûrent fait leurs logemens fur la
contrefcarpe, les travailleurs commencerent à la percer & à faire des
bateries pour ruïner les défenfes de
la place. La defcente du foffé ne
fut pas fort dificile , mais on eût
bien de la peine à l'affurer ; car
comme l'eau eftoit prefque de ni-
veau à la contrefcape , les affiegeans ne pouvoient pas y aller
fous terre , & il eût falu trop de
temps pour faire vne galerie couverte de Madriers. Ainfi, le duc d'Enguien fe contenta de faire tirer

vne ligne droite qui aboutiſſoit au
foſſé , & qui eſtoit couverte avec
des faſſines ſur des Blindes & des
Chandeliers.

Eſpenan & Palliiau pendant les
deux nuits de leur garde , mirent leur
travail en eſtat de pouvoir combler le foſſé. Le comte de Tournon
y avoit déja fait jetter quantité de
faſſines ; mais en paſſant par cette
ligne enfilée qui conduiſoit au travail, il fut tué d'vn coup de mouſquet.

La Pomme ingenieur fort expert
à faire des mines & à paſſer des
foſſés , avoit entrepris de faire des
ponts de faſſines ; mais il y trouvoit beaucoup de dificultés à cau-
ſe du canon de la place , ſur qui
celui des aſſiegeans n'avoit pû prendre le deſſus ; parce que les aſſiegés en avoient vn ſi grand nombre,
qu'vne de leurs pieces n'eſtoit pas
pluſtôt démontée, qu'ils en pouſ-

foient vne autre à la place ; & outre celles qu'ils avoient dans leurs
flancs dont ils batoient le pont en
travers , ils en avoient vn rang fur
la face des baftions qui l'enfiloient
& qui ruinoient tout le travail.

Il eft vrai que leurs flancs étoient
fi petits qu'ils n'y pouvoient mettre que trois pieces. C'eft le dé-
faut ordinaire des meilleures places
d'avoir les flancs trop ferrés ou
trop découverts ; mais le premier
de ces défauts eft le pire , parce
qu'entre deux bateries opofées le
plus grand nombre de canons l'em-
porte toûjours. En effet, les affiegeans aïant dreffé deux bateries de
quatre pieces chacune , firent taire
celles des flancs , mais les affiegés
en placerent tant fur la face des
baftions dont le rempart eft fort
bas , qu'ils ruinerent celles des affiegeans. C'eft pourquoi le duc d'Enguien fut obligé de faire élever des

158

épaulemens pour enterrer ſes bateꞏ
ries , & ſe couvrir des faces des
baſtions. Par ce moien ſon canon
ſe rendit le maiſtre , & les aſſieꞏ
geans travaillerent avec plus de ſeu-
reté à leur pont.

Bamberg reconût alors , qu'il
n'eſtoit plus en ſon pouvoir d'empêcher que le foſſé ne fut comblé,
& comme ſa garniſon eſtoit foible,
il ne crût pas devoir atendre que
le mineur fut ataché ; eſperant de
faire auparavant vne capitulation
plus avantageuſe. Il fit batre la cha-
made , les oſtages furent donnés &
la garniſon ſortit le douziéme de
Septembre au nombre de cinq cens
hommes avec deux pieces de canon. Le duc d'Enguien fit entrer
le regiment de Perſan dans la place , & y mit Eſpenan pour gouverneur.

Cette conqueſte quoi-que plus
facile que le Prince ne l'avoit pre-

veû, donna vne grande reputation
aux armes de France. Plusieurs villes envoïerent des deputés. Spire
n'avoit pas atendu que d'Aumont
l'eut fait sommer, les magistrats en
avoient porté les clefs au duc d'Enguien. Il les receût honorablement;
& apres avoir confirmé leurs pri-
vileges, il les renvoïa pour faire
sortir les Imperiaux & recevoir la
garnison Françoise que d'Aumont
eût ordre d'y faire entrer.

Mais le duc d'Enguien ne pouvoit pas recueillir lui-même les
fruits de la prise de Philisbourg ni
s'en éloigner avant que de l'avoir
remis en défense. Les ennemis s'a-
prochoient, ses troupes estoient
afoiblies & fatiguées, le canon
avoit fait de grandes ruines qu'il
faloit reparer, ce Prince n'estoit pas
en estat de se presenter devant Mercy qui avoit rafraîchi & augmenté
son armée depuis sa retraite de Fri-

160

bourg. C'eſt pourquoi le duc d'Enguien ſe contenta d'établir ſi bien
ſes quartiers dans les places le long
du Rhin, qu'on ne puſt lui enlever
ſa conqueſte, ni le forcer à vn combat general.

Il avoit la rivière d'vn coſté, la
ville de l'autre, le fort du Rhin
devant lui, le marais & les bois
deriere. Son armée eſtant campée
dans vn poſte ſi avantageux, il détacha le vicomte de Turene pour
aller ataquer Vorms. Cette ville
ne cede ni en dignité, ni en nombre d'habitans à aucune des villes
d'Alemagne; elle eſt placée ſur le
bord du Rhin, & fortifiée autant
que ſa grandeur & ſa ſituation l'ont
pû permetre. Le duc Charles de
Lorraine y tenoit garniſon, & depuis la perte de ſes eſtats il n'avoit
preſque point d'autre retraite que
celle-là.

Le vicomte de Turene fit deſcen-
dre

dre par la riviere l'infanterie le
canon & toutes les choses neces-
faires pour son dessein. Il marcha
ensuite par le Palatinat avec deux
mille chevaux , & défit six cens
hommes que le general Beck en-
voïoit à Frankendal. Les habitans
de Vorms ouvrirent leurs portes
& en firent sortir les Lorrains.
Delà le vicomte de Turene pour-
suivit sa marche vers Mayence, &
détacha Roze pour aller ataquer
Openheim. C'est vne petite ville si-
tuée dans vne plaine, mal fortifiée,
mais défenduë par vn tres-bon
chasteau. Roze n'y trouva point
de resistance. Le vicomte de Turene se presenta devant Mayence
& s'estant logé dans le faubourg,
il envoia vn trompete à ceux qui
comandoient dans la ville pour leur
ofrir des conditions honorables.

Mayence est le siege de l'Arche-
vesque Electeur, & vne des prin-

O

cipales villes d'Alemagne ; outre
qu'elle eft grande, fort peuplée, &
bien baftie pour vn païs où l'on
n'a jamais eu le gouft de la bonne
architecture, fa fituation la rend
confiderable, eftant placée vis-à-
vis de l'embouchure du Mein qui
paffe fous vne partie de fes murailles ; du cofté de la terre elles
font défenduës par vne citadelle
de quatre baftions, mais comme il
arive d'ordinaire aux grandes villes,
fes fortifications eftoient negligées,
& fa défenfe confiftoit plus dans
le nombre de fes habitans que dans
la force de fes remparts.

Au bas de la ville fur le bord du
Rhin eft vn chafteau affés magni-
fique où logent les Electeurs ;
dans le temps que cette ville avoit
efté fous la puiffance du Roi de
Suede, il avoit fait baftir à l'endroit où les deux rivieres fe joi-
gnent, vn Fort de fix baftions qui

portoit le nom de Guftavvbourg;
mais à la fin les Imperiaux aïant
repris Mayence, le Fort fut abandoné par les Suedois, & les Electeurs l'ont laiffé ruiner.

Quand le vicomte de Turene
entra dans les fauxbourgs, il y
avoit encore dans la ville vne garnifon Imperiale de huit cens hommes ; neanmoins l'Electeur n'aïant
pas crû y pouvoir demeurer en
feureté, s'eftoit retiré à Hermeftein ; de forte que le Chapitre
qui a l'autorité du gouvernement
en l'abfence de l'Archevefque, fit
affembler tous les corps de la ville, & apres plufieurs deliberations
ils refolurent de députer vers le
duc d'Enguien, & de ne donner
les clefs qu'à lui-même ; afin de
rendre en quelque forte leur capitulation plus honorable par la qualité de celui qui les recevroit.

Le vicomte de Turene envoia

O ij

cette réponfe au duc d'Enguïen qui
eſtoit toûjours avec ſon armée à
la veuë de Philiſbourg. Il en partit
auſſi-tôt avec vne eſcorte de quatre cens chevaux , & ſe rendit en
vn jour & demi proche de Mayence. Pendant qu'on travailloit aux
articles du traité, Mercy avec l'armée de Baviere s'eſtoit poſté ſur
des hauteurs entre Hailbron &
Neckerſulm , & avoit laiſſé le
Necre devant lui.

Hailbron n'eſt qu'à quatorze
lieuës de Philiſbourg ; Mercy pre-
tendoit areſter de là tous les progrés
du duc d'Enguïen. Il détacha Volfs
colonel celebre parmi les Bavarois
avec deux cens chevaux & cinq
cens dragons pour ſe jetter dans
Mayence ; mais Volfs n'y pût arriver qu'vn quart-d'heure avant le duc
d'Enguïen. Le trompete que ce
Prince envoïa aux habitans pour
les avertir de ſa venuë , trouva

Volfs qui les haranguoit pour leur persuader de se défendre, ofrant le secours qu'il avoit laissé de l'autre costé du Rhin, & celui de toute l'armée Bavaroise qui le suivroit en peu de temps.

Mais les habitans de Mayence sachant que le duc d'Enguien estoit en persone dans leur faubourg, tinrent la parole qu'ils avoient donnée au vicomte de Turene ; & apres avoir fait sortir Volfs de la ville, ils envoïerent leurs deputés au duc d'Enguien pour achever le traité de leur capitulation. Le Chapitre s'obligea de faire sortir la garnison qu'il tenoit dans Binghen petite ville avec vn bon chasteau sur le Rhin, & d'y recevoir des troupes Françoises. Le duc d'Enguien donna le gouvernement de Mayence au comte de Courval, & y établit vne forte garnison avec ce qui estoit necessaire pour repa-

rer les anciènes fortifications &
en faire de nouveles.

Le vicomte de Turene prit en
paſſant Creutznak , & d'Aumont
alla inveſtir Landavv avec douze
cens hommes de pied & quinze cens
chevaux. C'eſt vne ville ſituée dans
vne plaine à quatre lieuës de Philisbourg , elle eſt aſſés peuplée , ſon
rempart n'eſt flanqué que par des
tours à l'antique avec vn foſſé défendu par quelques demi-lunes &
vn chemin couvert. Il y avoit de-
dans quatre cens hommes des troupes Lorraines , & c'eſtoit la ſeule
place que les Imperiaux euſſent
conſervée dans le Palatinat au de-
çà du Rhin , excepté Frankendal
où les Eſpagnols tenoient vne forte garniſon.

Pendant que d'Aumont prenoit
ſes quartiers , & commençoit
ſes travaux devant Landavv , le
duc d'Enguien vint rejoindre ſon

armée à Philisbourg pour estre plus prés du siege que d'Aumont alloit entreprendre ; il aprit en arivant que la tranchée estoit déja ouverte, mais que d'Aumont en allant visiter le travail avoit esté blessé dangereusement. * Le vicomte de Turene alla continuer le siege, & poussa la tranchée si diligemment, que dans trois jours on fit vne baterie & vn logement sur la contrescarpe ; le cinquiéme jour le duc d'Enguien y estant venu pour visiter les travaux, les Lorrains traiterent avec le vicomte de Turene & sortirent de la place.

Apres la prise de Landavv, Nieustad, Manhein, & Magdebourg ne firent que fort peu de resistance : Ainsi le duc d'Enguien se vid en vne seule campagne, trois fois victorieux de l'armée Bavaroise, maistre du Palatinat & du

* *Il mourut à Spire peu de jours apres.*

168

cours du Rhin depuis Philisbourg
jusques à Hermestein, & de tout
ce qui est entre le Rhin & la Mozelle.

F I N.

www.ingramcontent.com/pod-product-compliance
Lightning Source LLC
Chambersburg PA
CBHW072244270326
41930CB00010B/2258